Holger Sonnabend

Ruhmreiche Gladiatoren und mächtige Herrscher

LIVEDABEI

Holger Sonnabend

Ruhmreiche Gladiatoren und mächtige Herrscher

20 sensationelle Ereignisse der antiken Welt

JUGEND BROCKHAUS

BELTZ & Gelberg

Inhaltsverzeichnis

POMPEIO
MAGNO

Im Reich des Königs Minos

Das sagenhafte Ende der minoischen Kultur

Um 2000 v. Chr. in Knossos

„Das Ungeheuer werde ich töten, keine Frage. Und danach suche ich meine gefangenen Landsleute und befreie sie. Aber glaubst du wirklich, dass ich aus diesem dunklen Labyrinth jemals wieder herausfinden werde?"

„Das hat noch keiner geschafft, aber du, Theseus, wirst der Erste sein. Sieh nur, was ich mitgebracht habe."

„Ein Wollknäuel? Was soll das?"

„Das befestigen wir am Eingang, du rollst es vorsichtig ab, während du hineingehst. Und wenn du den Minotauros besiegt hast, wird dir der Faden den Weg zurück zeigen!"

„Ein guter Einfall, das müsste klappen. Aber warum tust du das alles für mich, Ariadne? Dein Vater, der König von Kreta, wird sich darüber sicher nicht freuen."

„Mach dir keine Sorgen. Wenn alles überstanden ist, werden wir beide die Insel verlassen, ich begleite dich nach Athen zurück und dann werde ich deine Frau."

Theseus und Ariadne

Nicht anders als die späteren Griechen, die in Theseus aus Athen einen mutigen und siegreichen Kämpfer sehen, erzählen wir heute noch diese Sage, weil wir nicht wissen, was sich damals auf der Insel Kreta wirklich abgespielt hat. – Wie geht die Geschichte von Theseus und Ariadne weiter? Theseus steigt kühn und furchtlos in das weitverzweigte unterirdische Gängesystem des prächtigen Palastes von Knossos hinab, um die armen Menschen aus dem Verlies zu befreien. Plötzlich stürzt aus einem der Gänge der **Minotauros** hervor, ein riesiges, schreckliches Wesen, halb Stier, halb Mensch. Theseus packt das schnaubende Ungeheuer bei

Diese griechische Vasenmalerei zeigt den Kampf zwischen Theseus und dem Minotauros.

den Hörnern, schleudert den Minotauros zu Boden und tötet ihn. Dann sucht er seine gefangenen Landsleute und befreit sie. Ihretwegen ist Theseus überhaupt nach Kreta gekommen. Alle neun Jahre fordert der kretische König Minos von den Athenern als Zeichen ihrer Unterwürfigkeit sieben junge Frauen und sieben junge Männer, die er

Wissen spezial

Der Minotauros
Der „Minos-Stier", so die wörtliche Bedeutung, entstand dem Mythos zufolge aus der Vereinigung der Frau des Minos mit einem Stier. Geschichtlich verbirgt sich dahinter die herausragende Rolle, die der Stier in Kult und Religion der alten Kreter spielte.

Labyrinthe finden sich heute oft in Parks und Gärten, wie hier im Großen Garten von Schloss Herrenhausen (Hannover).

dem Ungeheuer zum Fraß vorwirft. Diesem bösen Spuk bereitet Theseus nun ein Ende. Mithilfe des Fadens von Ariadne findet er mühelos zum Ausgang zurück und eilt mit ihr und den Begleitern zum Schiff. Günstige Winde bringen sie schnell Richtung Norden voran.

Ariadnes Heiratsträume gehen jedoch nicht in Erfüllung. Der Gott **Dionysos** mischt sich nämlich in das Geschehen ein und befiehlt Theseus im Traum, die schöne Ariadne auf der Insel Naxos zurückzulassen.

Dionysos findet die von Theseus verlassene Ariadne.

Theseus verzehrt sich vor lauter Sehnsucht nach Ariadne und vergisst, was er seinem Vater vor der Abreise nach Kreta versprochen hat: „Wenn ich den Minotauros besiegt habe, setze ich bei der Rückkehr ein weißes Segel. Ist die Sache schiefgegangen, hissen meine Leute das schwarze Segel." Theseus merkt nicht, dass er sich Athen unter schwarzem Segel nähert. König Aigeus erwartet ungeduldig den Sohn im Hafen; entsetzt sieht er von Weitem das schwarze Segel. Voller Verzweiflung stürzt er sich ins Meer, das seitdem, in Erinnerung an den unglücklichen Aigeus, den Namen Ägäis trägt. Aber der Minotauros ist besiegt. Diese Sage erzählt, wie sich die Athener von den Zwängen der Minoer auf Kreta befreit haben.

Wissen spezial

Dionysos und andere Götter

In den griechischen Sagen tauchen Götter auf, die wie Menschen aussehen und handeln, aber immer stärker sind als die Menschen und deren Handeln bestimmen. Es gibt Stadtgötter, den Meeresgott, den Sonnengott, die Göttin der Schönheit und viele weitere.

Sagen im klassischen Griechenland

Im antiken Griechenland kennt fast jedes Kind die Geschichte von Theseus und Ariadne. Fahrende Sänger und Dichter reisen durch die Lande und erzählen den staunenden Zuhörern von dem traurigen Schicksal des Paares. Und es gibt unzählige griechische Maler, die den Kampf des Theseus mit dem Minotauros im Labyrinth von Knossos auf Bildern darstellen. Keiner zweifelt daran, dass sich die Ereignisse so abgespielt haben, wie eingangs erzählt. Aber in Wirklichkeit handelt es sich um eine Sage. Sagen vermitteln eine Vorstellung von längst vergangenen Zeiten, ohne dass sie hundertprozentig der Wahrheit entsprechen müssen. In jeder Sage steckt aber mindestens ein Körnchen Wahrheit. So verhält es sich auch mit den Erzählungen von Theseus aus Athen und Ariadne und König Minos aus Kreta.

Die Geschichte von Theseus und Ariadne erzählt dieses Gemälde.

Der Stierkopf-Rhyton, ein Trinkgefäß der Minoer

Die späteren Griechen stellten sich vor, dass in Knossos einmal ein König namens Minos regierte, der für die herausragende Stellung Kretas gesorgt hat. Name und Figur sind der Fantasie entsprungen, doch sicher hat es ein geschichtliches Urbild für diesen Minos gegeben. Die Mutter des Königs Minos ist übrigens **Europa**, die Namensgeberin unseres Kontinents. Allerdings wissen wir von Minos und Europa kaum mehr, als die Sage erzählt. Es besteht jedoch kein Zweifel, dass die Minoer, wie man sie nach dem legendären Minos nennt, mit ihren Flotten auf dem Meer ausschwärmen und dabei sogar Sizilien erreichen. Sie kommen nicht als Krieger, sondern als Händler, und weil sie immer reicher und mächtiger werden, nehmen sie großen Einfluss auf die Inseln und Küsten Griechenlands und verlangen vermutlich auch Abgaben und Steuern von den eroberten Völkern. Das wissen Archäologen aus Grabungsfunden. In der späteren Überlieferung der Griechen entsteht aus diesem Wissen die Geschichte von Theseus, der seine gefangenen Landsleute aus der Gewalt des Königs Minos befreit. Die jungen Männer und Frauen, die der König alle neun Jahre einfordert, stehen für die abzuliefernden Waren und Güter, die der Herrscher von Knossos verlangt. Athen hat allerdings noch keine besondere Rolle gespielt, als Kreta seine Blütezeit erlebte. Es bekommt erst in der rückblickend ausgeschmückten Sage die Führungsrolle zugewiesen. Theseus konnte also gar nicht aus Athen kommen. Doch daran stört sich niemand, denn im Mythos ist praktisch alles erlaubt.

Wissen *spezial*

Die sagenhafte Europa

In der griechischen Sage ist Europa die Tochter des Königs Agenor von Phönizien, dem heutigen Libanon. Der Göttervater Zeus entführt sie in der Gestalt eines Stieres über das Meer nach Kreta, wo er mit ihr den ersten König Minos zeugt.

In riesigen Tongefäßen lieferten die Bauern ihre Ernte im Palast ab.

Heute stehen in Knossos nur noch Reste des Palastes.

Auf den Spuren der minoischen Kultur

Durch archäologische Grabungsfunde wissen wir heute: Um 2000 v. Chr. entsteht auf der Insel Kreta die erste **Hochkultur** in Europa, zu einer Zeit, als sich die Stämme und Völkerschaften im restlichen Griechenland noch im historischen Tiefschlaf befinden. Die Kreter aber nutzen die günstige Lage ihrer Insel im Mittelmeer aus, bauen Schiffe und knüpfen Handelskontakte mit den hoch entwickelten Zivilisationen in Ägypten und im Vorderen Orient. Bald häufen sich die Reichtümer an und einzelne Fürsten bauen sich prächtige Paläste. Der schönste und größte steht bis heute in Knossos, ein paar Kilometer von der Nordküste der Insel entfernt. Es handelt sich um eine mehrstöckige, weitverzweigte Anlage mit vielen Säulen, Durchgängen, Treppenhäusern und Zwischengeschossen, in denen man sich als Fremder durchaus verirren kann. Das ist der Ursprung der Sage vom Labyrinth, in dem das Ungeheuer Minotauros haust. Um den Palast

Wissen spezial

Was ist eine Hochkultur?
Kultur beginnt da, wo die Menschen, anders als Tiere, sich Behausungen bauen, Kleider anfertigen, Werkzeuge machen. In einer Hochkultur gibt es darüber hinaus einen Herrscher mit Palast und Untergebenen, häufig eine Schrift, eine Religion und Kunstwerke.

Nachgebautes Modell des Palastes von Knossos

herum befinden sich Lagerräume und Magazine mit schier unerschöpflichen Vorräten an Getreide, Wein und Oliven. Damit die Verwalter dieser Vorräte nicht die Übersicht verlieren, schreiben sie Notizen auf Tontäfelchen.

Der Palast von **Knossos** ist der Mittelpunkt einer Stadt, in der mindestens 50.000 Menschen leben. Stadtmauern und Verteidigungsanlagen fehlen völlig. Die Bewohner haben allem Anschein nach keinen Anlass, sich vor äußeren Feinden durch Mauern zu schützen.

Thema | **Die Schriftzeichen der Minoer bleiben ein Geheimnis**

Die Minoer kannten bereits eine Schrift. Aber bis heute konnten die Forscher sie nicht entziffern, weil es einfach zu wenige Funde zum Vergleichen der Zeichen gibt. Immerhin haben sie herausbekommen, dass aufgeschrieben wurde, was sich in den Warenlagern befindet. Außerdem konnte bei einigen Funden eine Verwandtschaft mit Schriften aus Mykene in Griechenland festgestellt werden.

Ein Rätsel ist auch der Diskus aus dem Palast von Phaistos im Süden Kretas geblieben. Manche Gelehrte vermuten, dass die spiralförmig angeordneten Zeichen ein Kalendersystem erläutern.

Lange Zeit leben die Menschen auf Kreta offenbar wie im Paradies. Es gibt keine fremden Eindringlinge und keine Hungersnöte. Zu fürchten hat man allenfalls Naturkatastrophen. Um 1700 v. Chr. werden alle Paläste auf der Insel durch ein Erdbeben zerstört. Doch sofort machen die Minoer sich an den Wiederaufbau. Das Ende kommt um 1450 v. Chr., als Knossos und die anderen Paläste abermals in Schutt und Asche gelegt werden. Manche Forscher machen dafür einen Vulkanausbruch auf der Insel Santorin 100 Kilometer nördlich von Kreta verantwortlich. Dieser soll eine gigantische Flutwelle ausgelöst haben, der die minoische Kultur zum Opfer fiel. Doch fand dieser Vulkanausbruch nach neuesten Forschungen rund 200 Jahre früher statt. Das Ende der kretischen Hochkultur ist wohl eher die Folge eines Machtwechsels. Mit militärischer Gewalt übernehmen Griechen vom Festland das Regiment auf der Insel.

Wissen spezial

Ein Archäologe in Knossos

Von 1900 bis 1935 arbeitete der englische Archäologe Arthur Evans in den Ruinen des alten Palastes. Er hat sie ausgegraben und rekonstruiert. Die Art des Wiederaufbaus ist in der Fachwelt umstritten. Doch die Touristen sind dankbar, mehr als Mauerreste besichtigen zu können.

Artuhr Evans zeigt den Stierkopf-Rhyton, einen seiner berühmtesten Funde.

Babylon – Supermacht des Orients

Ein Turm wächst in den Himmel

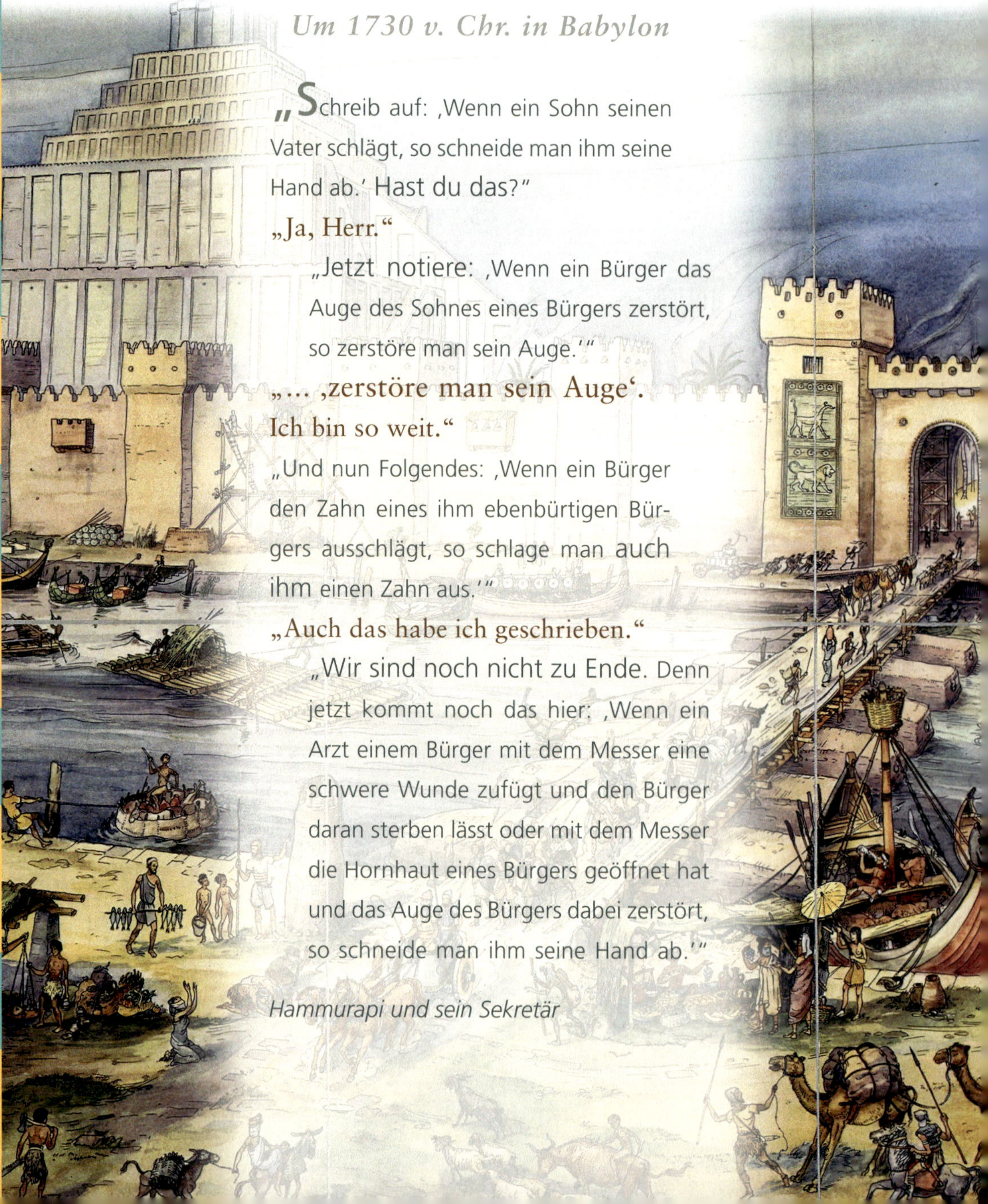

Um 1730 v. Chr. in Babylon

„Schreib auf: ‚Wenn ein Sohn seinen Vater schlägt, so schneide man ihm seine Hand ab.' Hast du das?"

„Ja, Herr."

„Jetzt notiere: ‚Wenn ein Bürger das Auge des Sohnes eines Bürgers zerstört, so zerstöre man sein Auge.'"

„... ‚zerstöre man sein Auge'. Ich bin so weit."

„Und nun Folgendes: ‚Wenn ein Bürger den Zahn eines ihm ebenbürtigen Bürgers ausschlägt, so schlage man auch ihm einen Zahn aus.'"

„Auch das habe ich geschrieben."

„Wir sind noch nicht zu Ende. Denn jetzt kommt noch das hier: ‚Wenn ein Arzt einem Bürger mit dem Messer eine schwere Wunde zufügt und den Bürger daran sterben lässt oder mit dem Messer die Hornhaut eines Bürgers geöffnet hat und das Auge des Bürgers dabei zerstört, so schneide man ihm seine Hand ab.'"

Hammurapi und sein Sekretär

Was Hammurapi, König von Babylon im Zweistromland, in seinem Palast dem Sekretär diktiert, ist Teil einer groß angelegten Gesetzessammlung. Denn der Codex Hammurapi, wie dieses Gesetzbuch heute genannt wird, ist eines der ältesten Gesetzbücher überhaupt und weit über seine Zeit hinaus bekannt. Bis dahin genügte es, dass der König oder die Richter bei Prozessen das Strafmaß nach eigenem Ermessen festlegten.

Der Schlangendrache sollte Babylon beschützen.

Voraussetzung für eine solche Gesetzessammlung ist die Kenntnis der Schrift. Wenn die Richter und Bürger nicht lesen können, nützt das schriftlich aufgezeichnete Gesetz nur wenig. In Babylon ist die **Keilschrift** schon seit etlichen Jahrhunderten bekannt. Es sind die alten Sumerer gewesen, die sie um 3000 v. Chr. entwickelt haben. Seitdem ist diese Schrift bei den Völkern und Kulturen Mesopotamiens fest etabliert.

Wissen *spezial*

Was ist eine Keilschrift?
Die typischen Keile entstehen beim Eindrücken des Griffels in den feuchten Ton. Die Keilschrift war zunächst eine Bilderschrift. Allmählich entwickelten sich Zeichen mit weiteren Bedeutungen, bis sie nur noch für Laute standen. Damit konnte die Schrift auch für andere Sprachen verwendet werden.

Die Gesetze des Codex Hammurapi

Eifrig lässt Hammurapi in den folgenden Wochen und Monaten Urteile aus verschiedenen Rechtsbereichen sammeln. Viele Strafen sind sehr hart. Vor allem bei Körperverletzungen gilt der altorientalische Grundsatz des „Auge um Auge, Zahn um Zahn“. Das, was das Opfer erlitten hat, soll nun auch der Täter aushalten. Daher wird Mord auch immer mit dem Tod bestraft. Die Todesstrafen in

In diese Tontafel wurden die Zutaten für Backen und Bierbrauen gehauen.

Der knieende König Hammurapi

Babylon sind grausam: Der Codex nennt die Hinrichtung durch Pfählen, Verbrennen oder Ertränken. Eine andere Art Strafe ist das Gottesurteil. Beschuldigt zum Beispiel ein Mann seine Frau des Ehebruchs und diese behauptet das Gegenteil, so hat sie die Möglichkeit, ihre Unschuld mit einem Gottesurteil unter Beweis zu stellen. Man wirft sie in den Fluss, und wenn sie nicht ertrinkt, hat sie recht gehabt. Von den ungefähr 280 Gesetzen regeln viele das gesellschaftliche Zusammenleben. Im Mietrecht etwa wird festgelegt, wann ein Mieter die Miete zahlen muss. Oder das Ehe- und Scheidungsrecht sind so aufgebaut, dass kein Familienmitglied leer ausgeht. Eine geschiedene Frau erhält ein Haus und Land, um ihre Kinder großziehen zu

Thema | **Gilgamesch auf der Suche nach Unsterblichkeit**

Aus Mesopotamien stammt eine der ältesten Sagen der Weltliteratur. Es handelt sich um die Geschichte von Gilgamesch, dem König von Uruk in Babylonien. In ihrer frühesten Fassung ist die Erzählung bereits um 2000 v. Chr. entstanden. Auf der Suche nach der Unsterblichkeit erlebt Gilgamesch gemeinsam mit seinem Freund Enkidu viele spannende Abenteuer, er besiegt unter anderem zwei stierköpfige Ungeheuer. Der Wunsch nach ewigem Leben bleibt Gilgamesch versagt, doch tröstet er sich mit der Hoffnung auf ewigen Ruhm.

Das ungefähre Herrschaftsgebiet des Königs von Babylon (rot)

können. Überhaupt ist die Verteilung von Land ein wichtiges Thema des Codex Hammurapi. Ein Bauer, der im Krieg ist, kann sein Land nicht bestellen. Darum bekommt ein anderer für ein Jahr das Land. Wenn der Soldat nach drei Jahren nicht zurückgekehrt ist, gehört das Land dem neuen Besitzer.

Die Verbreitung des Gesetzes

Damit das neue Gesetzbuch seine Wirkung hat, lässt der König im ganzen Land Tafeln mit dem Text der Bestimmungen aufstellen. Versehen sind sie mit einem Bild, das den Herrscher vor dem Thron des Sonnengottes Schamasch zeigt, der nach der Religion der Babylonier die Pflege von Recht und Ordnung überwacht.

Hammurapi ist überzeugt, ein Werk für die Ewigkeit geschaffen zu haben, denn am Schluss des Dokuments stehen die Worte: „Bis zum Ende der Tage, für immerdar bewahre der König, der im Land sein wird, die Worte der Gerechtigkeit, die ich auf meine Tafel geschrieben habe.“ Wer sich heute einen Eindruck von diesen Tafeln verschaffen will, findet im Louvre, dem großen Museum in Paris, eine über zwei Meter hohe, aus Doritgestein gefertigte Stele mit dem Text des Codex Hammurapi.

Eine Stele mit dem Codex Hammurapi

Dieser Löwe besiegt einen Menschen; prachtvoller Überrest des Palastes von Hammurapi.

Das Ende des Altbabylonischen Reiches

Hammurapi, der Sammler und Hüter der Gesetze, ist nicht der erste bedeutende König in **Mesopotamien**. Als er 1792 v. Chr. an die Macht kommt, hat das Land zwischen Euphrat und Tigris schon viele große Könige und Herrschergeschlechter gesehen, angefangen bei den Sumerern über die Akkader bis zu den Assyrern. Doch sie haben sich nicht halten können, weil die Herrschaft in diesem fruchtbaren Land ständig umkämpft ist. Immer wieder strömen neue Völker in das reiche und fruchtbare Mesopotamien und sorgen für Unruhe.

Wissen spezial

Zweistromland oder Mesopotamien

Die Bezeichnung „Mesopotamien" stammt von den alten Griechen und bedeutet „das Land zwischen den Flüssen". Es ist die genaue Übersetzung des Namens, den die Einheimischen dem Gebiet zwischen Euphrat und Tigris gegeben haben. Babylonien mit der Stadt Babylon ist ein Teilgebiet Mesopotamiens am Unterlauf des Euphrat.

Auch Hammurapi hat hart kämpfen müssen. Aber es gelingt ihm, sich gegenüber den Assyrern und anderen Rivalen durchzusetzen. Bis zu seinem Tod 1750 v. Chr. regiert er mit harter Hand, aber auch mit einem ausgeprägten Sinn für die Förderung von Wirtschaft und Kultur. Immer wieder bekräftigt er seinen Herrschaftsanspruch: „Der König, der unter den Königen überragend ist, bin ich." Nach seinem Tod ist es allerdings mit der Herrlichkeit des Reiches von Babylon schnell wieder vorbei. Die aus **Kleinasien** stammenden Hethiter und Hurriter, die eigene Gesetze haben, breiten sich aus, und außerdem bedrängen die aus dem Gebiet des späteren Iran stammenden Kassiten immer wieder das mesopotamische Gebiet.

Das Neubabylonische Reich entsteht

Etwa 1000 Jahre nach Hammurapi feiert Babylon unter der Herrschaft von Nebukadnezar II. eine neue Blütezeit. Um Verwechslungen zu vermeiden, spricht man bei Hammurapi vom Altbabylonischen, bei Nebukadnezar vom

Mit der Zerstörung Jerusalems durch Nebukadnezar begann das Babylonische Exil der Juden.

Neubabylonischen Reich. Noch einmal wird die Stadt Babylon am Tigris zur Metropole eines bedeutenden Reiches. Und die Gesetze Hammurapis sind wieder aktuell. Archäologen haben bei Grabungen in einer Tontafelbibliothek 1000 Jahre jüngere Tontäfelchen mit Gesetzen des Hammurapi gefunden.

Wissen spezial

Wo liegt Kleinasien?

Das historische Kleinasien umfasst den westlichen und mittleren Teil der gegenwärtigen Türkei und heißt heute Anatolien. Kleinasien liegt zwischen Schwarzem Meer, Ägäischem Meer und östlichem Mittelmeer, während zu Vorderasien das Zweistromland, das Gebiet des heutigen Libanon, Syrien, Israel und Palästina gehören.

Modell des Babylonischen Turms

Nebukadnezar erringt 605 v. Chr. die Königsherrschaft und betreibt eine ausgedehnte Eroberungspolitik. Er startet einen Feldzug in Richtung Nil, um das ägyptische Pharaonenreich zu erobern. Auf dem Weg dorthin zerstört er 587 v. Chr. die Stadt Jerusalem und den heiligen Tempel der Juden auf dem Tempelberg. Über einen großen Teil der jüdischen Oberschicht verhängt er die Strafe der Verbannung. Erst die Perser, die 539 v. Chr. Babylon erobern, befreien die Juden aus ihrem „Babylonischen Exil" und erlauben denen, die es wollen, die Rückkehr in die Heimat.

Der Turmbau zu Babel, Gemälde von Pieter Brueghel aus dem Jahr 1563

Zu diesem Zeitpunkt ist Nebukadnezar schon nicht mehr am Leben, er ist bereits 562 v. Chr. gestorben. In der Zwischenzeit ist er nicht nur in der Außen- und Militärpolitik aktiv gewesen. Sein besonderer Ehrgeiz besteht darin, die Hauptstadt Babylon zu einer Perle des Orients zu machen. Und so investiert er Unsummen in den Bau von Tempeln, Palästen und Prozessionsstraßen. Prunkstück ist das Tor der Liebesgöttin Ischtar, das mit seinen wunderbaren mittelblau und gelb glasierten Fliesen alle Menschen in seinen Bann zieht.

Das Ischtartor steht heute im Pergamonmuseum in Berlin.

Erst die Perser, die 539 v. Chr. Babylon erobern, befreien die Juden aus ihrem „Babylonischen Exil" und erlauben denen, die es wollen, die Rückkehr in die Heimat. Viele meinen aber auch, dass dem König der Ruhm zu Kopf gestiegen sei. Er lässt einen riesigen Turm für den Gott **Marduk** erbauen, der 92 Meter in die Höhe ragt und den Nebukadnezar ganz unbescheiden als das „Fundament von Himmel und Erde" ausgibt. Dieses imposante Bauwerk ist das Vorbild für die biblische Erzählung vom „Turmbau zu Babel", in der Gott den Hochmut und die frevelhafte Gesinnung der Menschen damit bestraft, dass er die Sprache der Erbauer verwirrt und sie in alle Welt zerstreut. Aber nicht nur diese Geschichte, sondern auch Gesetze wie manche im Codex Hammurapi finden Eingang in das Alte Testament der Bibel. Im mosaischen Gesetz, das den Juden bis heute eine wichtige Grundlage ihres Glaubens ist, findet sich auch das Prinzip „Auge um Auge und Zahn um Zahn", das noch lange Zeit nach Hammurapi im Nahen Osten weit verbreitet war.

Wissen spezial

Wer war Marduk?

Die Babylonier verehrten viele Götter, doch an erster Stelle rangierte Marduk. Sie sahen in ihm den Schöpfer der Welt und der Menschen. Sein Sohn Nabu war der Gott der Weisheit, seine Gestirne waren die Planeten Jupiter und Merkur.

Eine 250 m lange Prozessionsstraße führte zum Ischtartor, sie wurde von den Babyloniern beim Neujahrsfest benutzt.

Der erste Friedensvertrag

Ein Pharao setzt sich in Szene

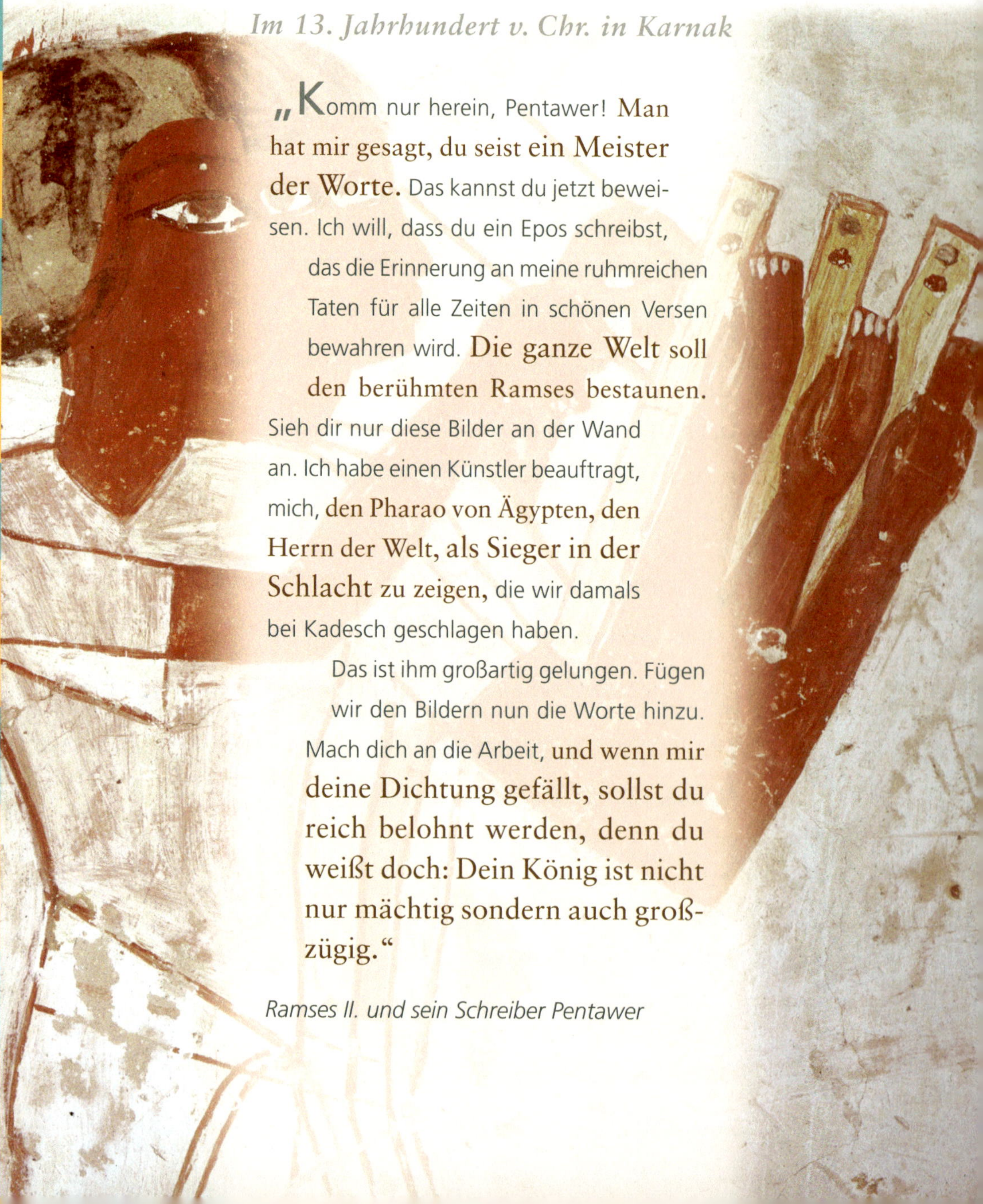

Im 13. Jahrhundert v. Chr. in Karnak

„Komm nur herein, Pentawer! Man hat mir gesagt, du seist ein Meister der Worte. Das kannst du jetzt beweisen. Ich will, dass du ein Epos schreibst, das die Erinnerung an meine ruhmreichen Taten für alle Zeiten in schönen Versen bewahren wird. Die ganze Welt soll den berühmten Ramses bestaunen. Sieh dir nur diese Bilder an der Wand an. Ich habe einen Künstler beauftragt, mich, den Pharao von Ägypten, den Herrn der Welt, als Sieger in der Schlacht zu zeigen, die wir damals bei Kadesch geschlagen haben.

Das ist ihm großartig gelungen. Fügen wir den Bildern nun die Worte hinzu. Mach dich an die Arbeit, und wenn mir deine Dichtung gefällt, sollst du reich belohnt werden, denn du weißt doch: Dein König ist nicht nur mächtig sondern auch großzügig."

Ramses II. und sein Schreiber Pentawer

Pentawer, der Schreiber von Ramses II. (um 1298–1213 v. Chr.), schaut ehrfürchtig auf die Reliefs an der Wand des Tempels. Da steht er, der Pharao, im prunkvollen Streitwagen, zielt mit dem Bogen auf seine Feinde und treibt sie in die Flucht. So möchte der Herrscher also gesehen werden. Pentawer verliert keine Zeit, eilt in die Schreibstube im königlichen Palast von Karnak und greift zu **Papyrus** und Binsenstängel. Schon am nächsten Tag überreicht er Ramses das fertige Werk. Die Goldstücke, die ihm wenig später ein Diener überreicht, deuten an, dass er den Pharao nicht enttäuscht hat.

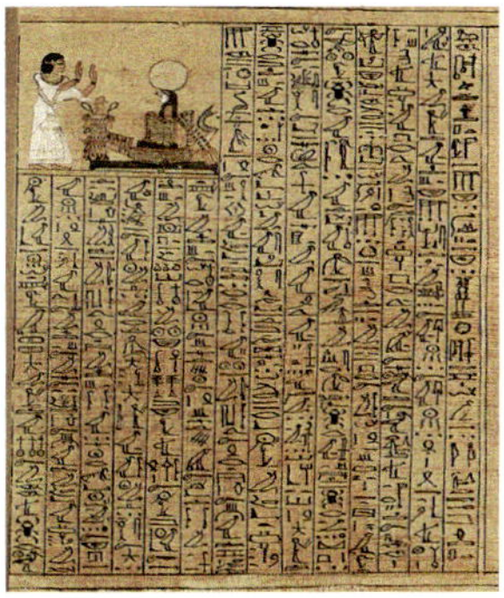

Oben: Statue eines Schreibers

Links: Hieroglyphen auf Papyrus

Sofort sorgt Ramses für die Verbreitung des Gedichtes, das seine Heldentaten in der Schlacht von Kadesch preist. In ganz Ägypten kursieren Papyri mit Kopien des Textes, und zwischen Memphis am Delta des Nils und Assuan an der Südgrenze des Landes gibt es bald keinen Tempel und kein öffentliches Gebäude mehr ohne eine Inschrift mit den Zeilen des eifrigen Pentawer. Jedem, der lesen kann, wird ein König präsentiert, der die Hethiter, die Großmacht aus Kleinasien, in der denkwürdigen Schlacht in Syrien sozusagen im Alleingang besiegt hat.

Eigentlich müsste Ramses ein schlechtes Gewissen plagen, denn der Kampf gegen die Hethiter ist für ihn in Wirklichkeit kein Ruhmesblatt, sondern eine ordentliche Schlappe. Schon lange stritten die Ägypter mit den Hethitern um den Besitz von Syrien. Bei Kadesch kam es dann 1275 v. Chr. zu der

Wissen spezial

Was ist Papyrus?
Die Ägypter schrieben auf Papyrus. Sie schnitten die Stängel der Papyrusstaude in Streifen und pressten diese in zwei Lagen übereinander. Dadurch tritt das als Klebstoff wirkende Mark aus. Man schrieb mit Feder oder Binsenstängel und einer speziellen Tinte aus Ruß und Wasser.

Ramses auf seinem Streitwagen im Kampf gegen die Hethiter

Schlacht, bei der die Hethiter Ramses und seine Armee überlistet haben. Nur mit knapper Not konnten die Ägypter entkommen und den Rückzug antreten. Für Ramses aber gilt die Devise „Der **Pharao** verliert nie“ und so verkauft er die Schlacht zu Hause als einen strahlenden Sieg.

Ein Verlierer schreibt Geschichte

Wie geht Ramses vor, wenn er als Sieger dastehen will? Nach jahrelangen Verhandlungen ist ein Friedensabkommen die Lösung. Erstmals in der Geschichte wird im Jahr 1258 v. Chr. ein schriftlicher Vertrag aufgesetzt zwischen dem Hethiterkönig Hattusili III. und Ramses II. von Ägypten. Der Vertragstext ist sowohl in der Sprache der Ägypter als auch in der Sprache der Hethiter verfasst und wird in den Staatsarchiven der jeweiligen Hauptstädte Theben und Hattuscha deponiert. Das ist ein Meilenstein der internationalen Politik, denn bis dahin haben sich Kriegsgegner im besten Fall mündlich verständigt. Nun aber kann man sich auf etwas Schriftliches

Wissen spezial

Was ist ein Pharao?
Pharao heißt ursprünglich „großes Haus“ und war jahrhundertelang nur die Bezeichnung für den königlichen Palast. Zum Titel des ägyptischen Königs wurde „Pharao“ erst in der Zeit Ramses’ II. Im strengen Sinn waren alle Könige vor Ramses keine Pharaonen. Aber sie werden heute meist so genannt.

berufen und nachlesen, was ausgehandelt wurde. Und tatsächlich herrscht nach 1258 v. Chr. eine lange Friedensperiode bis zum Untergang des Hethiterreiches um 1200.

In dem Friedensvertrag verpflichten sich die Partner, künftig auf Angriffe zu verzichten. Das eroberte Land teilen sie brüderlich unter sich auf, die Hethiter erhalten den nördlichen, die Ägypter den südlichen Teil

In Stein gemeißelt: der Vertrag zwischen Ramses und Hattusili

Vor dem Amun-Mut-Chons-Tempel ließ Ramses eine riesige Toranlage errichten.

Dieses Relief zeigt eine hethitische Frau und einen Mann.

Syriens. Dem bei Kadesch unterlegenen Pharao Ramses II. gelingt es, sich als denjenigen darzustellen, der seinem eigentlich siegreichen hethitischen Kollegen großmütig Frieden gewährt hat: „Siehe, ich habe jetzt gute Bruderschaft und guten Frieden zwischen uns für ewig gegeben." Beschworen wird der Frieden im Namen der „tausend Götter" der Ägypter und der „tausend Götter" der Hethiter. Die Zahl ist natürlich maßlos übertrieben, doch gibt es in Ägypten mehr Götter als in jeder anderen antiken Kultur. Das ist ein Erbe der Frühzeit, als sich die vielen Nomadenstämme, die alle ihre eigenen Götter hatten, zu einem einheitlichen Staat zusammenfanden.

Um das Bündnis zu festigen, heiratet Ramses eine Tochter des Hethiterkönigs. Aber zu diesem Zeitpunkt hat er schon sechs Hauptfrauen und unzählige Nebenfrauen, die

Thema | **So viele Götter im alten Ägypten**

Es waren wohl nicht 1000 Gottheiten, aber viele verschiedene, die an unterschiedlichen Orten „wohnten". Am weitesten und längsten verbreitet waren der Sonnengott Ra, die göttlichen Geschwister Isis und Osiris, den sich die Ägypter als Gott der Unterwelt vorstellten, und Ptah, der vor allem in der alten Königsstadt Memphis verehrt wurde. Auch Tiere galten den Ägyptern als göttliche Wesen. Heilig waren zum Beispiel Krokodile, Stiere, Fische, Hunde, Katzen und sogar Mäuse. Wer ein solches heiliges Tier verletzte oder tötete, riskierte Kopf und Kragen.

In dieser Grabkammer ist die ägyptische Götterwelt abgebildet.

ihm über 200 Kinder schenkten. Als der Pharao 1213 v. Chr. im Alter von über 90 Jahren stirbt, hinterlässt er ein politisch gefestigtes Ägypten mit sicheren Grenzen. Der Reichtum des Landes zeigt sich auch an den prächtigen Bauten und der Gründung zahlreicher Städte. Rechtzeitig vor seinem Tod hat Ramses Sorge dafür getragen, dass an seinem Grabmal in Theben Bilder von der Kadesch-Schlacht angebracht werden. Ramses ist offenbar an Altersschwäche gestorben. Als Archäologen 1886 die Mumie Ramses' II. ausgraben und untersuchen, stellen sie fest, dass der Pharao vor seinem Tod an Arterienverkalkung litt und sehr schlechte Zähne hatte.

Mumie des Ramses

Eine der ältesten Kulturen der Welt

Als Ramses II. stirbt, blickt Ägypten bereits auf eine lange und erfolgreiche Geschichte zurück: auf 1800 Jahre Geschichte und auf 19 Herrscherfamilien, auch Dynastien genannt. Damals entstand hier am Nil eine der ersten Hoch-

Der Nil gilt als längster Fluss der Welt. Ohne ihn würde Ägypten nur aus Wüste bestehen.

kulturen der Menschheit. Zwar besteht das Land Ägypten zum größten Teil aus Wüste, doch erweist sich der Nil als lebensspendendes Element. Alljährlich tritt der große Strom im Frühsommer über die Ufer. Anfangs richten die Überschwemmungen schwere Schäden an, bis die Menschen darauf kommen, dass man die Wassermassen mit einem System von Kanälen so dirigieren kann, dass längs des Flusses fruchtbare Felder für die Landwirtschaft entstehen.

Dazu bedarf es aber einer zentralen Organisation, und so entsteht, nach einem um 3000 v. Chr. erfolgten Zusammenschluss der beiden Landesteile Ober- und Unterägypten, das ägyptische Königtum. Der König oder Pharao hat von Anfang an eine außerordentlich starke Stellung im Staat. Er wird mit den Göttern auf eine Stufe gestellt und lebt in der Vorstellung der Ägypter nach seinem Tod als göttliches Wesen weiter. Sie lassen sie unter der Erde begraben. Manche Pharaonen haben darüber hinaus Pyramiden errichten lassen. Diese gigantischen Monumente sind bis heute das

Wissen spezial

Was sind Hieroglyphen?
Die Bezeichnung „Hieroglyphen" für die Schrift der Ägypter stammt von den alten Griechen. Wörtlich bedeutet der Begriff „die heiligen eingravierten Zeichen". Die Griechen entdeckten die Texte zuerst an den Wänden der Tempel und nannten sie deshalb so.

Wahrzeichen des alten Ägypten. Pharao, Minister, Priester, Soldaten und Händler formen aus Ägypten in den folgenden Jahren, Jahrzehnten und Jahrhunderten ein florierendes Land.

Mit den Nachbarn aus Mesopotamien besteht zur Zeit des Ramses ein Austausch. Zunächst entsteht aber jede Hochkultur für sich. Vergleicht man die ägyptische mit der babylonischen Kultur, ist in vielen Bereichen eine ähnliche Entwicklung zu beobachten: Beide errichten monumentale Kultbauten und Paläste, beide haben etwa um 3000 v. Chr. eine Bilderschrift entwickelt – bei den Ägyptern handelt es sich um die berühmten **Hieroglyphen**. Doch was Wasserbau und Bewässerungssysteme angeht, sind die Ägypter damals unübertroffen. Dazu nutzen sie ihre Beobachtungen von Sonne, Mond und Sternen, auf denen die Grundlagen ihres **Kalenders** beruhen.

Ramses II. konnte, wie man sieht, auf den Leistungen unzähliger Generationen aufbauen. Auch vor ihm gab es bemerkenswerte Pharaonen. Aber Ramses ist es gelungen, sich durch geschickte Verbreitung des rühmenden Gedichtes von Pentawer der Nachwelt ins Gedächtnis zu schreiben.

Wissen spezial

Der ägyptische Kalender gilt noch heute

Die Ägypter beobachteten, dass der Nil immer dann über die Ufer tritt, wenn der Stern Sirius kurz vor Sonnenaufgang am Himmel erscheint. Dies war der Neujahrstag. Die Zeit bis zur nächsten Nilflut teilten sie in 12 Monate mit 30 Tagen ein und fügten 5 Schalttage dazu.

Vor der Pyramide von Giseh thront die Phinx.

Sandsturm in Kairo, die Ramses-Statue am Flughafen ist kaum noch zu sehen.

Dichtung oder Wahrheit?

In Troja wird gekämpft

1184 v. Chr. in Mykene

„Männer, dieses Unrecht können wir nicht dulden! Wir, die besten Krieger aus ganz Griechenland, haben uns hier versammelt, um zu beschließen, dass wir alle mit unseren Schiffen über das Meer fahren.

Troja ist unser Ziel, die Stadt des Königs Priamos, dessen Sohn Paris dieses schändliche Verbrechen begangen hat. Seht hier meinen Bruder Menelaos, den König von Sparta! Paris, der junge Mann aus Troja, hat seine Gastfreundschaft missbraucht, hat ihm die Frau gestohlen und sie nach Hause entführt.

Wir werden Helena befreien, wir werden Menelaos rächen, wir werden die ruchlosen Trojaner bestrafen. Folgt mir nun an die Küste, damit wir die Schiffe besteigen können. Ich, Agamemnon, König von Mykene, schwöre bei den Göttern, dass wir siegreich heimkehren werden!“

Agamemnon auf der Burg von Mykene

Die Worte des Agamemnon verfehlen ihre Wirkung nicht. Die Männer, die sich zu Füßen der mächtigen Mauern von **Mykene** auf der griechischen Halbinsel Peloponnes versammelt haben, nicken erst heftig mit den Köpfen, dann fuchteln sie wild mit ihren Fäusten in der Luft und stoßen wüste Drohungen aus. „Nieder mit Paris, nieder mit Troja!“, ertönt es von allen Seiten. Dass die schöne Helena dem stattlichen Königssohn aus dem fernen Anatolien nicht ganz unfreiwillig gefolgt ist, weil sie mit dem alten Menelaos nicht mehr so recht glücklich war, flüstern sich die Mykener nur hinter vorgehaltener Hand zu. Und letztlich spielt der Kriegsgrund auch kaum eine Rolle, wichtiger ist die Aussicht auf Ruhm, Ehre und Beute. Daher folgen sie bereitwillig ihrem Anführer Agamemnon. So beginnt der Trojanische Krieg.

Paris „entführt“ Helena, die ihn jedoch freiwillig begleitet.

Die Maske des Agamemnon

Die Geschichte vom Trojanischen Krieg

Die Erwartung der griechischen Helden, Troja in kürzester Zeit zu besiegen, erfüllt sich jedoch nicht. Nicht weniger als zehn Jahre lang belagern sie vergeblich die Festung und die Stadt an der nordwestlichen Mittelmeerküste Kleinasiens. Das umkämpfte Troja beherrscht die Einfahrt zu den Dardanellen. Das ist die Meerenge, die vom Mittelmeer zum Schwarzen Meer führt. Die eingeschlossenen Trojaner können sich fast zehn Jahre lang verteidigen.

Wissen spezial

Prächtiges Mykene

Noch heute kann man in den Ruinen von Mykene einen Eindruck von der einstigen Bedeutung der Burganlage gewinnen. Prunkstück ist das massive Eingangstor, das von zwei steinernen Löwen bewacht wird. In Kuppelgräbern fanden die Archäologen wertvolle Beigaben.

Dieses Gemälde zeigt, wie die Festung von Troja ausgesehen hat.

Warum? In dieser sagenhaften Geschichte greifen immer wieder die **Götter** in das Geschehen ein und verzögern damit eine Entscheidung im Krieg der Menschen.

Schließlich hat Odysseus, der König von **Ithaka**, die rettende Idee: Auf Anweisung des listigen Kriegers bauen die Griechen ein riesiges hölzernes Pferd, in dessen Bauch sich 30 griechische Krieger verstecken. Die Griechen deponieren das Ungetüm am Strand vor der Stadtmauer von Troja, packen ihre Sachen und fahren mit den Schiffen auf und davon – allerdings nur zum Schein und bis zur nächsten Insel, wo sie abwarten, was die Trojaner mit dem Pferd tun.

In Troja wittern manche eine List. Aber die meisten halten das hölzerne Pferd für ein Geschenk an die Götter. Arglos öffnen die Trojaner das Tor und ziehen das Pferd vom Strand in die Stadt. Sie feiern das Ende des Krieges mit einem großen Fest. Die im Pferd versteckten Griechen warten ab, bis spät in der Nacht alle schlafen. Dann springen sie aus dem Bauch heraus. Nun wird es den Trojanern zum Ver-

Wissen spezial

Göttliche Hilfe im Trojanischen Krieg

Der Sage nach sollte Paris aus Troja entscheiden, welche der drei Göttinnen Hera, Aphrodite oder Athene am schönsten sei. Er wählte Aphrodite, die ihm die Kraft gab, die schöne Helena zu rauben. Somit kämpften Hera und Athene auf der Seite der Griechen, Aphrodite auf der Seite Trojas.

hängnis, dass sie das Stadttor geöffnet haben. Denn am Strand warten bereits die zurückgekehrten Griechen, um ihre 30 Kameraden aus dem Pferd zu unterstützen.

Jetzt beginnt der grausame Kampf um Troja. Die Stadt wird geplündert und zerstört, kein Stein bleibt auf dem anderen. 50 Tage dauert es, bis Troja niedergeworfen ist. Danach segeln die Sieger in die Heimat zurück. An Bord eines der Schiffe befindet sich auch die unglückliche Helena. Paris ist während des Krieges ums Leben gekommen, sie hat daraufhin einen anderen Trojaner geheiratet. Aber Menelaos, der ursprüngliche Ehemann, ist bereit, ihr zu verzeihen, und nimmt sie mit nach Sparta. Nach und nach kehren alle griechischen Trojakämpfer in die Heimat zurück. Nur für Odysseus, der mit seiner List die Entscheidung herbeigeführt hat, haben sich missgünstige Götter etwas Besonderes ausgedacht. Weitere zehn Jahre irrt er mit seinem Schiff über das Meer, muss eine Reihe von Abenteuern mit Riesen, Zauberinnen

Wissen spezial

Wo liegt Ithaka?
Die Heimat des listenreichen Odysseus ist eine der kleinsten griechischen Inseln. Ithaka liegt an der Westküste Griechenlands zwischen den größeren Inseln Kephallenia und Leukas.

Neugierige Trojaner umringen das Trojanische Pferd (Filmszene).

Typische Kampfszene auf einer Vase dargestellt.

Ein Riese greift Odysseus und seine Mannschaft an.

und Ungeheuern überstehen, bevor auch er endlich wieder zu Hause in Ithaka ankommt. So weit eine kurze Zusammenfassung der Sage.

Dichtung und Wahrheit

Für die alten Griechen war der Trojanische Krieg eines der Glanzlichter ihrer Geschichte. Sie erzählten die Geschichte so oft, dass sie glaubten, so habe es sich tatsächlich zugetragen. Findige Köpfe errechneten sogar das genaue Datum. In die christliche Zeitrechnung übertragen, begann der Krieg 1184 v. Chr. und endete 1174 v. Chr. Doch diese Genauigkeit täuscht über die wahren Kenntnisse hinweg. Keiner weiß darüber Bescheid, was damals wirklich passiert ist. Die Erinnerungslücken werden mit Sagen, Mythen und auch mit erfundenen Texten geschlossen. Nach der Mitte des 8. Jahrhunderts v. Chr. ist es der griechische Dichter Homer, der die immer wieder erzählte Geschichte vom Trojanischen Krieg als Erster schriftlich aufzeichnet. Das Werk „**Ilias**“ wird schon zu seinen Lebzeiten zu einem viel gelesenen Klassiker. Aber Homer ist

Wissen spezial

Was bedeutet Ilias?
Die Griechen kannten Troja auch unter dem Namen Ilion. Ilias heißt daher so viel wie „Das Gedicht über Ilion“. In diesem ältesten Werk der europäischen Literatur erzählt Homer nur von den letzten Tagen des Trojanischen Krieges.

eben ein Dichter und kein Geschichtsschreiber und daher nimmt er es auch mit der historischen Wahrheit nicht so genau.

So ist es für uns heute keine leichte Aufgabe, die historische Wahrheit über den Trojanischen Krieg herauszufinden. Vielleicht steckt dahinter auch nicht nur ein einziger Krieg. Zu jener Zeit üben die Könige von Mykene auf der Peloponnes die Vorherrschaft in Griechenland aus. Zwar sind die anderen Fürsten unabhängige Herrscher, doch wenn die mächtigen Mykener etwas anordnen, ist es ratsam, sich den Befehlen zu fügen. Sonst kann es leicht passieren, dass sie zu den Waffen greifen und ihren Forderungen Nachdruck verleihen. Die Herren von Mykene

Zweikampf am Rande des Trojanischen Kriegs (Filmszene)

Die Ausgrabungsstätte von Heinrich Schliemann

verschanzen sich in ihren Burgen hinter dicken Festungsmauern und starten von dort ausgedehnte Raubzüge. Die Sagen um Troja tragen diesem Umstand Rechnung, indem sie mit Agamemnon einen Mykener zum Anführer der griechischen Truppen machen.

Die Raubzüge der Mykener

Die Mykener sind nicht nur auf dem griechischen Festland aktiv, wo sie viele Siedlungen und mehrere Burgen haben, teilweise mit dicken Burgmauern und Palästen. Um 1450 v. Chr. setzen sie nach Kreta über und bereiten dort der ruhmreichen minoischen Kultur ein gewaltsames Ende. Aber auch die Küsten der heutigen Türkei finden das Interesse der Krieger von der Peloponnes. In den reichen Hafenstädten gibt es immer etwas zu holen. Das gilt auch und ganz besonders für Troja: Für viele Schiffe, die, das Mittelmeer verlassend, durch die Meerenge der Dardanellen in Richtung Schwarzes Meer fahren, ist die Stadt eine wichtige Zwischenstation. Die starke Strömung, die aus den Dardanellen ins Mittelmeer fließt und die Einfahrt in die Meerenge erschwert, zwingt viele Schiffe dazu, im Hafen von Troja Station zu machen. Die Seefahrer nutzen die Zeit, um sich mit Wasser, Lebensmitteln und anderen Waren zu versorgen. Weil man mit den Seeleuten so gute Geschäfte macht, bildet sich um die königliche Burg herum eine ansehnliche Siedlung mit vermögenden Kaufleuten und Händlern.

Auf die adligen Krieger aus Griechenland wirken die Reichtümer von Troja wie ein Magnet. Und so starten sie immer wieder mit ihren Schiffen Raubzüge, von denen sie mit üppiger Beute heimkehren. Moderne Ausgrabungen in Troja haben den Nachweis erbracht, dass die Stadt in der Antike mehrere Male zerstört worden ist. Manchmal geschah dies durch Erdbeben, manchmal aber auch durch feindliche Einwirkung. Daher spricht einiges dafür, dass sich in der Sage von dem einen Trojanischen Krieg letztlich viele Seefahrten und Beutezüge widerspiegeln, die Mykener aus Griechenland um 1200 v. Chr. unternommen haben. Bald nach 1200 v. Chr. ist es aber mit der Glanzzeit von Mykene vorbei. Neue Völker wandern von Norden nach Griechenland ein und ihrem Ansturm sind nicht einmal die gewaltigen Trutzburgen auf der Peloponnes gewachsen.

Schliemann fand bei seinen Ausgrabungen nicht nur Vasen und Krüge, sondern auch Perlen und Halsketten.

Thema | **Die Wiederentdeckung von Troja**

Der deutsche Kaufmann und Archäologe Heinrich Schliemann fand 1871 das verschüttete Troja unter einem Hügel bei dem türkischen Dorf Hissarlik. Orientiert hatte er sich dabei an den geografischen Angaben in Homers Ilias. In den Ruinen stieß er auf einen prächtigen Goldschatz, dem er den Namen „Schatz des Priamos" gab. Die wertvollen Ketten, Gefäße und Schalen aus Gold fand Schliemann in einer Art Schatztruhe aus Stein. Sie stammen jedoch, wie spätere Nachforschungen ergaben, aus einer früheren Phase der Stadtgeschichte und nicht aus der Zeit der mykenischen Eroberung.

König David – Lichtgestalt der Juden

Vom Hirtenjungen zum König

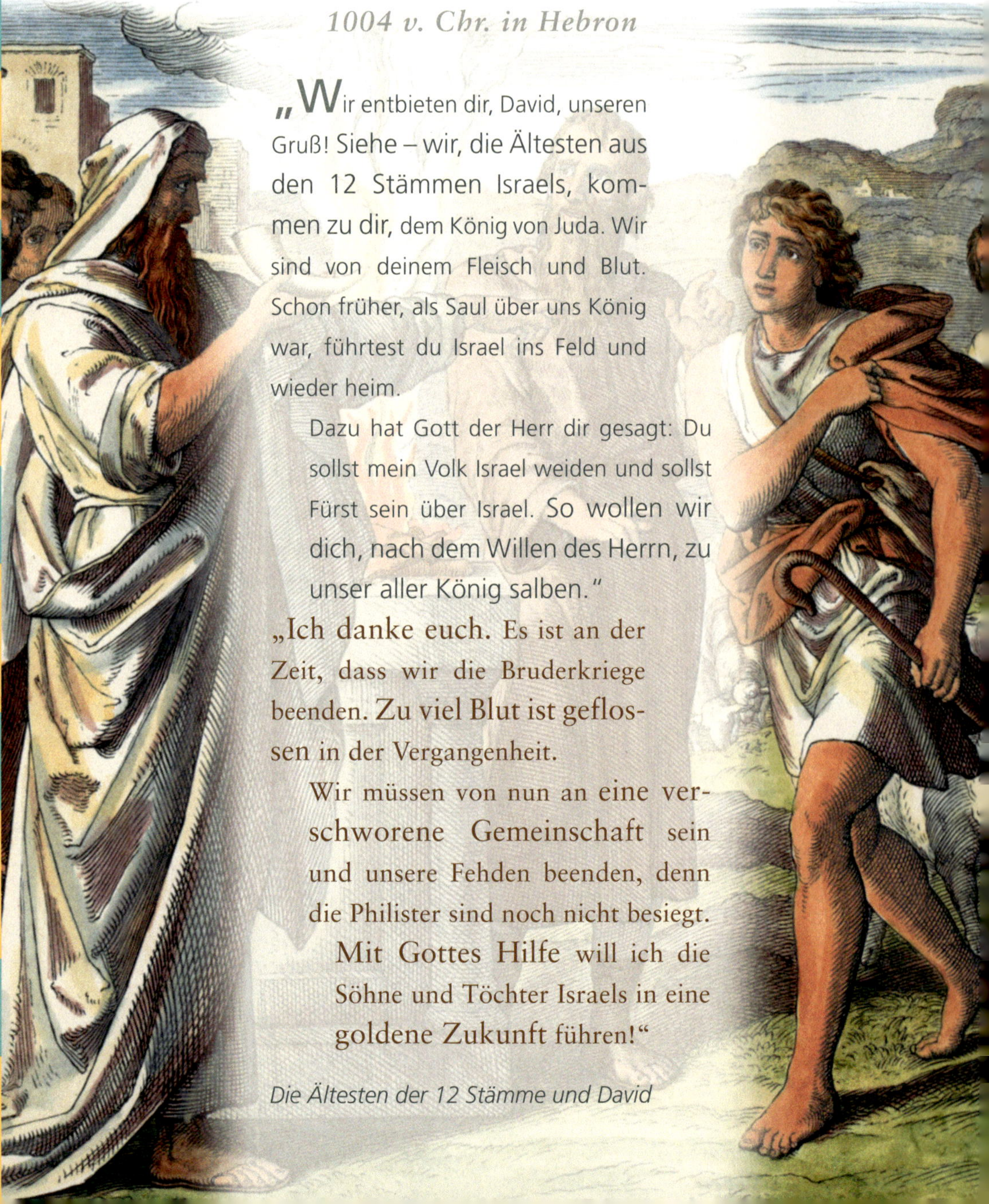

1004 v. Chr. in Hebron

„Wir entbieten dir, David, unseren Gruß! Siehe – wir, die Ältesten aus den 12 Stämmen Israels, kommen zu dir, dem König von Juda. Wir sind von deinem Fleisch und Blut. Schon früher, als Saul über uns König war, führtest du Israel ins Feld und wieder heim.

Dazu hat Gott der Herr dir gesagt: Du sollst mein Volk Israel weiden und sollst Fürst sein über Israel. So wollen wir dich, nach dem Willen des Herrn, zu unser aller König salben."

„Ich danke euch. Es ist an der Zeit, dass wir die Bruderkriege beenden. Zu viel Blut ist geflossen in der Vergangenheit.

Wir müssen von nun an eine verschworene Gemeinschaft sein und unsere Fehden beenden, denn die Philister sind noch nicht besiegt.

Mit Gottes Hilfe will ich die Söhne und Töchter Israels in eine goldene Zukunft führen!"

Die Ältesten der 12 Stämme und David

Den 12 jüdischen Stammesfürsten, die sich in Hebron, der altehrwürdigen Stadt im Westjordanland, versammelt haben, ist ganz feierlich zumute. Allen ist klar, dass hier und heute ein neues Kapitel in der Geschichte des jüdischen Volkes aufgeschlagen wird. Oft genug haben sie gegeneinander Kriege geführt. Jetzt aber denken sie zurück an ihre gemeinsamen Wurzeln, an die Zeiten, als Abraham ihre frühesten Urahnen aus Mesopotamien ins Gelobte Land geführt hat. Und an Mose, dem Gott auf dem Berg Sinai die Tafeln mit den Zehn Geboten aushändigte. Dies sind die Grundlagen ihrer gemeinsamen Tradition, die vor allem auf dem Alten Testament der Bibel beruht. Die Bibel ist bis heute der einzige ausführliche Bericht über die frühe jüdische Geschichte.

Wissen *spezial*

Woher kommt der Name Israel?

In der Bibel ist Israel – wahrscheinlich heißt es „der Gotteskämpfer" – Beiname des Stammvaters Jakob, dessen 12 Söhne die ersten 12 Stammesführer waren. In der Antike war Israel der Name des nördlichen Königreiches der Juden. 1948 wählte man Israel als Bezeichnung für den neu gegründeten, modernen Staat.

Ungern lassen sich die Ältesten der 12 Stämme an die unruhigen Zeiten erinnern, die auf die Eroberungen in den Gebieten westlich des Jordan und des Toten Meeres folgten. Schon die ältesten Chroniken berichten von ständigen Streitigkeiten zwischen den jüdischen Stämmen. Von Anfang an geht ein Keil durch Gottes auserwähltes Volk: Der Norden Palästinas trennt sich unter dem Namen **Israel** von dem Süden, den die Bewohner Juda nennen.

Moses empfängt die Zehn Gebote auf dem Berg Sinai.

Gefährliche Eindringlinge

Neben diesen Auseinandersetzungen innerhalb der 12 Stämme droht auch Gefahr von außen, vom Mittelmeer. Um 1200 v. Chr. werden die Küsten des östlichen Mittelmeeres vom Sturm

Die Philister kamen mit Dolchen und Ketten.

der „Seevölker“ heimgesucht. Bis heute weiß man nicht genau, wo sie herkommen und wer sich genau hinter diesem Namen verbirgt. Jedenfalls landen einige von ihnen mit ihren Schiffen an der Küste von **Palästina**. Zwischen Joffe und Gaza gründen sie eine Kette von Städten und machen darüber hinaus Anstalten, auch den Rest des Landes in ihre Gewalt zu bringen. In der biblischen Überlieferung heißen diese ungebetenen Gäste „Philister“.

Wissen spezial

Was bedeutet Palästina?
Der Name Palästina wurde von den antiken Griechen geprägt und bedeutet „Land der Philister". Offiziell erhielt die Region diese Bezeichnung im 2. Jahrhundert n. Chr. unter der Herrschaft der Römer.

Das Alte Testament der Bibel ist voll von Erzählungen über sich jahrzehntelang hinziehende Kämpfe zwischen den Philistern und den jüdischen Stämmen.

Man muss solche Erzählungen aus der Bibel nicht unbedingt wörtlich nehmen. Sie dienen dazu, die Philister

Thema **Die Legende von David und Goliath**

Um das Leben Davids ranken sich jede Menge Legenden. Nach der Bibel verdankt der spätere König seinen kometenhaften Aufstieg seinem sensationellen Sieg im Zweikampf gegen den Riesen Goliath aus den Reihen der Philister, den der kleine Hirte David mit einem Schuss aus seiner Steinschleuder niederstreckt.

Aller Wahrscheinlichkeit nach gehört diese Geschichte in das Reich der Sage. Die Goliath-Erzählung soll die Überlegenheit der Juden über die anmaßenden Philister symbolisieren, die sie mit Gottes Hilfe niederringen.

Ein jüdischer Hirtenjunge in Israel

schlecht zu machen und die Juden als die Guten hinzustellen. David ist meistens „der Gute". Fest steht aber, dass die jüdischen Stämme bei der Aufgabe, die Philister abzuwehren, ihre Gegensätze überwinden. So schließen sich die zerstrittenen 12 Stämme zu einer Notgemeinschaft gegen die Philister zusammen. Doch ganz lassen sich die Rivalitäten und Eifersüchteleien nicht abstellen. Immer wieder kommt es zwischen den Führern der Stämme zu Streitigkeiten, aus denen die Philister Nutzen ziehen.

Saul und David werden zu Rivalen

Schon im Jahr 1010 v. Chr. hat mit Saul aus dem jüdischen Stamm Benjamins eine neue Periode in der Geschichte Israels begonnen. An der Spitze der vereinigten Armeen hat er mehrmals die Philister besiegt und lässt sich als strahlender Held feiern. Doch der Ruhm steigt ihm zu Kopf. Er lässt sich – nicht ohne Gegenstimmen – zum ersten König erheben, wird aber nur von den Stämmen des Nordens anerkannt.

Bevor er König wurde, spielte David häufig König Saul auf der Harfe vor.

Inzwischen zieht der junge David, ein einfacher Hirtenjunge aus Bethlehem, die Aufmerksamkeit auf sich. Er zeichnet sich in den Kämpfen gegen die Philister aus und brilliert außerdem mit seinem musikalischen Talent. Kein Wunder, dass Saul auf ihn aufmerksam wird, ihn zuerst zu seinem Hofmusiker und dann zum obersten Militär-

Ein Domfenster im Augsburger Dom zeigt König David.

Wissen spezial

„Ein Psalm Davids“
David hat viele biblische Psalmen gedichtet und gesungen. Am bekanntesten ist der 23. Psalm. Er beginnt so: „Der Herr ist mein Hirte. Mir wird nichts mangeln. Er weidet mich auf einer grünen Aue und führet mich zum frischen Wasser.“

chef macht. Er verheiratet ihn sogar mit einer seiner Töchter. Als Hofmusiker dichtet David viele **Psalmen**.

Aber dann kommt es zum erbitterten Streit zwischen Schwiegervater und Schwiegersohn. Denn die Eifersucht Sauls steigt in dem Maße, wie sein oberster Waffenträger David beim Volk immer beliebter wird. Saul entlässt David. Dieser wechselt die Seite und verdingt sich als **Söldner**führer zeitweise sogar bei den gegnerischen Philistern. Als Saul 1004 v. Chr. eine Schlacht gegen die Erzfeinde aus dem Philisterland verliert und sich in seiner Verzweiflung das Leben nimmt, ist die Bahn frei für den ehrgeizigen David. Er verlässt die Philister und geht zurück nach Juda. Mit Geschenken und Versprechungen sichert er sich die Unterstützung der Stämme des Südens und David erhält den Titel „König von Juda“. Der Norden ist eine härtere Nuss, die Anführer sind alte Anhänger Sauls und noch nicht bereit, in das Lager der David-Freunde überzuschwenken. Wieder flammen die Bruderkriege auf. Die Stämme Judas kämpfen gegen die Stämme Israels.

Um 1000 v. Chr.: Davids Reich (blau); Gebiet der Israeliten teilt sich (rote Linie) in Israel und Juda.

Das vereinigte Königreich Israel und Juda

Am Ende setzt sich David durch und nun endlich unterstützen auch die Ältesten von Israel den König von Juda. So kommt es 1004 v. Chr. zu dem feierlichen Zeremoniell in der Stadt Hebron, die David

David wird zum König gesalbt.

zu seiner Residenz, d. h. Wohnsitz, gewählt hat. Aus dem „König von Juda" wird jetzt der „König von Juda und Israel". Der Hoffnungsträger David wird nun zum König aller Juden gesalbt – mit einem Öl, das ihm eine besondere Kraft gibt und ihn zum Auserwählten Gottes macht. Auch Saul war schon auf diese Weise zum König gesalbt worden. Unter David bilden erstmals in ihrer Geschichte alle Juden ein Volk. Und der König enttäuscht die Erwartungen nicht. Seinen Schwung und seine Kampfkraft bekommen ganz besonders die Philister zu spüren. Nach mehreren Niederlagen gegen Davids gut trainierte Söldnerarmeen ziehen sie sich an die Küste zurück.

Fast 40 Jahre herrscht König David über das Land. Seine lange Regierungszeit verdankt er nicht nur dem Philister-Sieg und der allgemeinen Sehnsucht, die ewigen inneren Streitigkeiten beizulegen. Hinzu kommt auch sein

Wissen spezial

Was sind Söldner?
Die Könige und Fürsten des Alten Orients schickten nicht die eigenen Männer in das Gefecht. Für teures Geld engagierten sie kampferprobte Krieger aus der Fremde, die keine Furcht kannten und die, weil man die Kriegsbeute aufteilte, besonders kampflustig waren.

Reichtum an Ideen, mit denen es ihm gelingt, bei der Bevölkerung Pluspunkte zu sammeln. So verlegt er die Hauptstadt von Hebron weiter nördlich nach Jerusalem, das er zuvor den Jebusiten, einem nicht jüdischen Stamm, weggenommen hat. David macht Jerusalem zur Königsstadt. Hier baut er sich einen prächtigen Palast und hier wird die Bundeslade aufgestellt. Das ist eine Art Schatztru-

Wissen spezial

Was ist der siebenarmige Leuchter?
Er ist eines der wichtigsten jüdischen Symbole und noch heute im israelischen Staatswappen. Die Zahl Sieben wird so erklärt: Der mittlere Kerzenhalter bezeichnet den Standpunkt, die äußeren sollen in die vier Himmelsrichtungen und nach oben und unten weisen.

Die Bundeslade wird nach Jerusalem gebracht (Buchmalerei).

Der Felsendom steht heute an der Stelle des Salomonischen Tempels, in dem einst die Bundeslade aufbewahrt wurde. Er ist das Wahrzeichen Jerusalems.

he mit all den heiligen Gerätschaften der Juden, wie den Gesetzestafeln mit den Zehn Geboten, die Mose am Berg Sinai empfangen hat, und dem **siebenarmigen Leuchter**.

Außerdem startet David ein großes Eroberungsprogramm, das zwar nicht, wie er verbreiten lässt, ein Reich zwischen dem Nil und dem Euphrat einbringt. Aber große Teile des Ostjordanlandes werden tributpflichtig. Die Abgaben füllen die Bestände der königlichen Schatzkammer.

Beim jüdischen Kaparot-Ritual werden alle Sünden auf das Huhn übertragen, das man sich dabei über den Kopf hält.

Gescheitert ist David allerdings mit seinem Ziel, das vereinigte Königreich auf Dauer zu sichern. Als er um 964 v. Chr. stirbt, übernimmt sein Sohn Salomo die Nachfolge. Er wird zwar weit über seine Zeit hinaus verehrt, kann aber nicht verhindern, dass die alten Gegensätze zwischen den Nord- und den Südstämmen erneut ausbrechen. Bald gibt es wieder zwei voneinander getrennte Königreiche Juda und Israel. Und als die Juden in den folgenden Jahrhunderten eine Fremdherrschaft nach der anderen erdulden müssen und sogar aus dem Land vertrieben werden, denken sie mit Wehmut an das Zeitalter Davids zurück. Dabei haben sie vor allem die Lichtgestalt aus den alten Schriften der Bibel vor Augen.

Zu Ehren **des Zeus**

Der Anfang der Olympischen Spiele

776 v. Chr. in Olympia

„Da, sie gehen an den Start! Jetzt heißt es aufpassen. Iphitos ist so schnell wie der Wind. Ihm kann keiner das Wasser reichen. Er wird ganz sicher gewinnen."

„Wenn du dich da mal nicht täuschst. Ich habe den Athleten beim Training zugesehen. Da hat Theogenes immer die Nase vorn gehabt."

„Wie kommt ihr denn darauf? Den Siegerkranz holt sich nur einer, und das ist Leonidas. – Aber schaut nur, sie laufen ja schon los. Was ist denn das? Sehe ich richtig? An der Spitze läuft unser Koroibos! Der ist doch sonst immer das Schlusslicht gewesen. Tatsächlich – er läuft als Erster durchs Ziel. Koroibos ist Sieger. Da habt ihr euch aber getäuscht. Von wegen Iphitos, von wegen Theogenes. Ich habe gleich gewusst, dass Koroibos gewinnen wird. Heil dir, oh Zeus!"

Drei Zuschauer

Das Publikum ist begeistert. Soeben hat es einen der ersten olympischen Kurzstreckenläufe gesehen. Koroibos darf sich als erster **Olympionike** in die Siegerliste von Olympia eintragen. Und das ist den Einheimischen aus Elis eine besonders große Freude. Denn

Nachbildung des Siegerkranzes

Dieses Modell zeigt, wie es damals um den Tempel des Zeus herum ausgesehen hat.

Koroibos stammt aus ihrer Gegend und hat außerdem noch die bekannten Sportler Iphitos, Theogenes und Leonidas besiegt. Die Zuschauer jubeln ihm zu, als der oberste Priester von Olympia den glückstrahlenden Sieger mit einem Olivenzweig aus dem heiligen Hain von Olympia bekränzt.

Bei diesem ersten Lauf in Olympia gibt es noch kein richtiges Stadion. Die Sportler laufen über einen ziemlich holprigen Weg, der ein Stadion lang ist. Das ist ein griechisches Längenmaß von 192 Metern. Erst später wird in Olympia eine eigene Sportstätte

Wissen spezial

Was heißt Olympionike?
Wörtlich bedeutet Olympionike „Sieger in Olympia". So ist der Begriff genau genommen nur für Olympiasieger reserviert. Trotzdem gebrauchen ihn die Sportreporter heute in nicht ganz korrekter Weise für jeden, der an den Spielen teilnimmt.

Der Stadionlauf war die erste olympische Disziplin.

für die Laufwettbewerbe entstehen, die man dann nach diesem Maß Stadion nennt.

Zeus und die Olympischen Spiele

Ursprünglich sind die Menschen nicht nach Olympia gekommen, um sich an einem sportlichen Wettkampf zu erfreuen. Vielmehr ist der kleine Ort Olympia im Nordwesten der Peloponnes eine heilige Stätte. Denn hier befindet sich ein berühmter **Tempel des Zeus**, des obersten Gottes der Griechen. In Scharen pilgern die Menschen dorthin, um den Göttervater zu ehren und den Opferhandlungen beizuwohnen. Opfer sind Geschenke für die Götter und dienen dazu, sie wohlwollend zu stimmen. Zu besonderen Gelegenheiten schlachtet man Stiere oder Schafe. Da fällt auch immer ein gutes Stück Fleisch ab, denn die Priester haben es sich zur Gewohnheit gemacht, die Knochen der Opfertiere dem Gott zu überlassen und das Fleisch unter den Anwesenden zu verteilen. Das trägt außerordentlich zur Beliebtheit von Olympia bei, denn die Aussicht auf einen kostenlosen Braten spricht sich herum und lockt weitere Besucher an.

Den Verwaltern des Heiligtums und den verantwortlichen Politikern von Elis verdanken wir auch die Idee des Sports in Olympia. Sie wissen, dass bei den jungen Leuten der Sport hoch im Kurs steht. Gerade die adlige Jugend findet Gefallen daran, die körperlichen Kräfte im Wettkampf zu messen. Die Älteren sehen das nicht ungern. Schließlich kann es im Fall eines Krieges nichts schaden, wenn die Ju-

Wissen spezial

Der prachtvolle Tempel des Zeus

Magischer Anziehungspunkt wurde die Zeusstatue aus vergoldetem Elfenbein. Der Athener Künstler Phidias hat den Gott auf einem Thron sitzend dargestellt. Seitdem feierten die Gläubigen mit Blick auf die mächtige Statue und auf die reich bebilderten Flächen über der Säulenhalle des Tempels des Zeus.

Ein Rind wird den Göttern geopfert.

gend gut trainiert ist. So wird der Beschluss gefasst, in Olympia als Ergänzung zu den Opferhandlungen Spiele zu Ehren des Gottes Zeus zu veranstalten.

Der Kreis der Teilnehmer bei diesen ersten Olympischen Spielen ist noch übersichtlich. Zunächst findet nur eine einzige Disziplin statt, nämlich der erwähnte Stadionlauf. – Die Rechnung der Priester und Politiker von Elis geht auf. Die Olympischen Spiele kommen bei Athleten und Zuschauern groß in Mode. Der Name Olympia ist in aller Munde, die Kassen von Stadt und Tempel füllen sich, denn aus ganz Griechenland und den Kolonien reisen Besucher an, die viel Geld für Unterkunft, Verpflegung, Geschenke und Andenken ausgeben. Manche scheuen die weite Reise, nicht nur wegen der Diebe und Räuber, die einem das Leben schwer machen können. Immer besteht auch die Gefahr, unterwegs in einen Krieg zu geraten, denn es gibt häufig Schwierigkeiten zwischen griechischen Städten, die mit gewaltsamen Auseinandersetzungen enden. Deshalb verkünden die Veranstalter der Olympischen Spiele den „Gottesfrieden“: Während der Spiele dürfen keine Kriege geführt

Zeus, der seinem Beinamen „der in der Höhe donnernde“ alle Ehre machte, sieht in dieser Darstellung fast wie ein olympischer Speerwerfer aus.

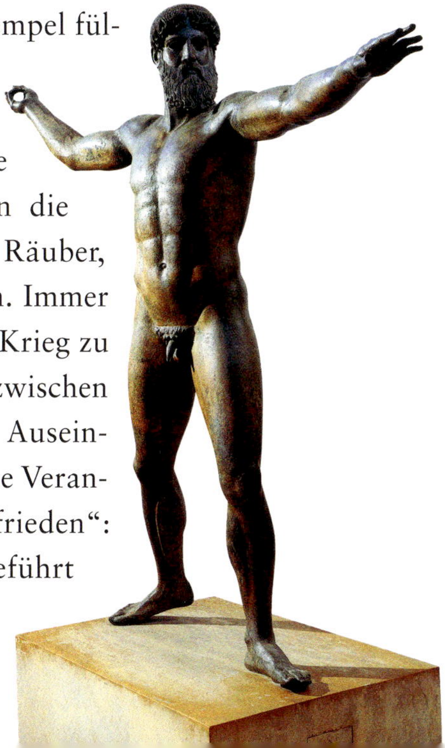

Im Zeusheiligtum fand der Wettkampf im Ringen statt.

werden und Sportlern und Zuschauern muss der freie Zugang zu den Spielen gewährleistet sein. Wer gegen dieses Gebot verstößt, riskiert den Zorn der Götter.

Zunächst finden die Olympischen Spiele in einem unregelmäßigen Rhythmus statt. Erst im 6. Jahrhundert v. Chr. wird es zur festen Regel, die Sportler alle vier Jahre nach Olympia zu bitten. Inzwischen gibt es nämlich auch in anderen griechischen Städten solche Wettkämpfe, und Olympia muss sich der Konkurrenz von Delphi, Korinth und Nemea erwehren. Die Rivalen kommen aber an die Bedeutung von Olympia nicht heran, hier zählt für einen Athleten der Sieg am meisten. Deshalb wird auch die **Olympiade**, der Zeitraum zwischen den Olympischen Spielen, zum Ausgangspunkt der Zeitrechnung.

Wissen spezial

Was bedeutet Olympiade?
Die Olympiade ist eigentlich ein Zeitabschnitt von vier Jahren. Die Olympischen Spiele fanden immer im ersten Jahr einer Olympiade statt. Die „Olympiaden" waren die Grundlage des griechischen Kalenders. Eine Jahreszahl wurde beispielsweise so angegeben: im dritten Jahr der 15. Olympiade.

Die olympischen Sportarten der Antike

Das sportliche Programm wird im Laufe der Zeit ständig erweitert. Längst geht es nicht mehr allein um den Siegerkranz im Stadionlauf. Auch **Boxen** und Ringkampf gehören bald zu den ständigen Disziplinen, und begeistert gehen die Zuschauer mit, wenn sich die nackten Muskelpakete im Staub wälzen. Vielseitigkeit müssen die Athleten im olympischen Fünfkampf unter Beweis stellen, der aus Weitsprung, Diskuswurf, Speerwurf, Ringen und Laufen besteht. Zum größten Spektakel und zu einer absoluten Attraktion für das Publikum entwickelt sich das Wagenrennen, bei dem die wagemutigen Lenker ihre Vierergespanne in zwölf Runden über die Piste der Pferderennbahn jagen und dabei nicht selten Kopf und Kragen riskieren.

Karam Ibrahim aus Ägypten freut sich über Gold im Ringen bei den Spielen 2004 in Athen.

Die Freuden der Sieger

Wer bei den Olympischen Spielen siegt, ist ein gemachter Mann. In den Heimatstädten werden die Sieger mit Ruhm und Ehre überschüttet. Die Dichter besingen ihre sportlichen Heldentaten, die Bildhauer errichten ihnen die schönsten Statuen, die Stadtväter gewähren ihnen Steuerfreiheit und andere Vergünstigungen wie das Recht, lebenslang auf Kosten der Stadtkasse in einem öffentlichen Lokal zu speisen. Besonders groß ist der Starrummel bei Sportlern, die sich nicht nur einmal, sondern häufiger in die Siegerlisten eintragen, also mehrfach Olympiasieger sind.

Wissen *spezial*

Boxen in der Antike

Die Boxer kämpften ohne Pause, bis einer von ihnen k.o. war. Gewichtsklassen gab es keine, stattdessen stellte man die Paare nach Altersgruppen zusammen. Um schwere Verletzungen zu vermeiden, benutzten die Kämpfer gepolsterte Fausthandschuhe.

Der 100-m-Lauf bei der Olympiade 1896 in Athen

Statue eines Diskuswerfers

Rechts: Bronzediskus als Siegerpreis

Der erfolgreichste Sportler der Antike ist der Ringer Milon. In Form bringt sich der Koloss mit einem ungewöhnlichen Ernährungsprogramm: Täglich verschlingt er 20 Pfund Fleisch und trinkt dazu zehn Liter Wein. Dem dicken Riesen Milon ist keiner gewachsen. Er gewinnt nicht weniger als sechs Mal in Olympia den ersten Platz im Ringen. Auch bei den anderen Sportfesten erweist er sich als unschlagbar.

Anfangs sind die Griechen in Olympia unter sich, Fremde und Ausländer sind nicht zugelassen. Das ändert sich erst, als die Römer im 2. Jahrhundert v. Chr. die Herrschaft in Griechenland übernehmen. Nun werden die Spiele international, die Athleten kommen aus allen Teilen des Römischen Reiches. 66 n. Chr. versucht sich sogar der römische Kaiser Nero als Wagenlenker, fällt aber gleich nach dem Start vom Wagen. Die Kampf-

Das erste olympische Stadion der Neuzeit, das Panathinaikon-Stadion in Athen, bot Platz für 60.000 Menschen.

richter erklären ihn dennoch zum Sieger, weil sie den Kaiser nicht verlieren lassen wollen. Weit über 1100 Jahre nach dem historischen Erfolg des Sprinters Koroibos beendet der römische Kaiser Theodosius die lange Tradition der Olympischen Spiele. 393 n. Chr. finden sie im Hain von Olympia zum letzten Mal statt. Der Grund: Kurz zuvor hat Kaiser Theodosius (347–395 n. Chr.) das Christentum zur Staatsreligion erklärt, und weil die Olympischen Spiele immer noch zu Ehren des Gottes Zeus veranstaltet werden, spricht der christliche Herrscher ein Verbot über das „heidnische" Spektakel aus. Um die Wettkampfstätten und Tempel in Elis kehrt nun Ruhe ein. Und das Geschäft mit Besuchern und Zeuspilgern gehört der Vergangenheit an.

Thema **Die ersten Olympischen Spiele der Neuzeit**

Die Geburtsstunde der modernen Olympischen Spiele schlug 1896 in Athen. Damals versammelten sich in der griechischen Hauptstadt für zehn Tage 285 Athleten aus 13 Ländern. Das sportliche Programm bestand aus den Disziplinen Leichtathletik, Turnen, Schwimmen im Meer, Schießen, Fechten, Radfahren und Tennis. Die meisten Medaillen holten die USA und Griechenland. Frauen waren bei den Wettkämpfen von 1896 noch nicht dabei, das war erstmals vier Jahre später in Paris der Fall, wo die zweiten Olympischen Spiele der Neuzeit stattfanden.

Ein folgenschwerer **Streit**

Romulus und Remus gründen Rom

21. April 753 v. Chr. in Rom

„Ich werde der König der neuen Stadt sein!"

„Warum du? Natürlich gehört die Herrschaft mir."

„Nein. Wenn wir nicht einig sind, lassen wir die Götter entscheiden. Sie werden uns durch den Flug der Vögel ein Zeichen geben. Du, Remus, steigst auf jenen Hügel dort, ich nehme diesen hier. Von da können wir alles schön beobachten."

„Sieh nur, Romulus! Sechs Geier! Da fliegen sechs Geier vorbei!"

„Pech gehabt, Remus. Bei mir sind es zwölf Geier. Dann bin ich wohl der König von Rom."

„Aber mir haben sich die Vögel zuerst gezeigt. Die Götter wünschen, dass ich der König bin."

„Nein, nicht der Zeitpunkt ist wichtig, sondern die Zahl. Gib dich geschlagen, Remus."

„Du willst mich betrügen. Das sollst du mir büßen!"

Romulus und Remus

Der Streit zwischen den Zwillingsbrüdern Romulus und Remus endet tragisch. Jähzornig, wie sie sind, stürzen sie aufeinander zu. Es beginnt eine wilde Schlägerei und im Tumult wird Remus tödlich getroffen. Aber worüber haben sie sich eigentlich gestritten? Sie wollten die Entscheidung, wer die Stadt Rom beherrschen darf, den Göttern überlassen. Damals ist es nichts Ungewöhnliches, die Zukunft oder den Willen der Götter aus Zeichen der Natur abzulesen und vorherzusagen. Jeder der Zwillingsbrüder glaubt den Vogelflug der Geier für sich deuten zu können.

Der Sage nach wurden Romulus und Remus von einer Wölfin aufgezogen.

Die sagenhafte Urzeit

Die Geschichte von Romulus und Remus ist eine von mehreren Sagen zur Gründung der Stadt Rom. Wie die Griechen, so haben auch die Römer die ihnen selbst unbekannten Anfänge ihrer Geschichte mit einem ganzen Netz aus Mythen und Sagen überzogen. In der römischen Sagenwelt stehen Romulus und Remus am Ende einer umfangreichen, fantasievollen Erzählkette. Die Römer stellen sich vor, wie die Zwillingsbrüder, deren Vater der Kriegsgott Mars gewesen ist, nach ihrer Geburt ausgesetzt und wie sie von einer Wölfin gesäugt und von einem Hirten aufgezogen werden, bis es bei dem Streit, wer von beiden nun Rom beherrschen darf, zu jener verhängnisvollen Auseinandersetzung kommt. Im 1. Jahrhundert v. Chr. ergeben Berechnungen des Gelehrten Marcus Terentius Varro, dass Rom genau am 21. April 753

Dieses Bild zeigt eine Rekonstruktion Roms aus dem 2. Jh. v. Chr., zu sehen sind das Kapitol mit Jupitertempel (links) und das Forum Romanum (vorne rechts), der größte Platz der Stadt. Einige der anderen Gebäude wurden erst später erbaut.

v. Chr. gegründet worden sein soll. Seitdem gilt im antiken Rom die offizielle Zeitrechnung „**seit Gründung der Stadt**". Varro legt den Zeitpunkt also etwa 500 Jahre später rückblickend fest.

Wer hat Rom wirklich gegründet?

Wenn es wirklich einen Romulus gegeben hat, dann muss er ein Etrusker gewesen sein. Denn wahrscheinlich haben Angehörige dieses bemerkenswerten Volkes einst die Stadt Rom gegründet. Die Heimat der Etrusker ist die heutige Toskana zwischen den Flüssen Arno und Tiber. Dort entsteht im Laufe des 8. Jahrhunderts v. Chr. eine im Vergleich zu den anderen Völkern Italiens erstaunlich hoch entwickelte Kultur mit Kontakten zur griechischen und orientalischen Welt. Die Etrusker haben eine eigene Schrift, sie schaffen herausragende Kunstwerke, errichten prächtige Grabanlagen und verstehen sich darauf, Städte anzulegen.

Wissen spezial

Seit Gründung der Stadt

Das heißt auf lateinisch „ab urbe condita". Das Jahr 753 v. Chr. ist in den Quellen, mit dem römischen Zahlzeichen versehen, „ab urbe condita I". „Ab urbe condita II" steht für 752 v. Chr. und so geht die Reihe immer weiter.

Ein typischer etruskischer Hohlweg

Genau dies stellt Ende des 8. Jahrhunderts v. Chr. ein etruskischer Adliger unter Beweis. Er lässt sich mit Familie und Anhang in einem kleinen Hirtendorf am Tiber nieder. Damals ahnt noch niemand, dass es einmal zum Mittelpunkt eines Weltreiches werden würde. Die einheimischen Latiner, die Urbevölkerung von Rom, die zwischen dem Tiber und den Albaner Bergen siedeln, haben nichts dagegen, dass der Etrusker den Titel eines Königs annimmt. Denn er verwandelt die dörfliche Ansiedlung rasch in eine blühende Stadt. Häuser aus Stein werden gebaut, dazu Straßen und sogar ein Abwasserkanal. Archäologische Grabungen erbringen hierfür den Beweis. Die Annehmlichkeiten locken immer mehr Bewohner in die Stadt und bald wird Rom die größte Stadt Italiens. Auf dem späteren Kapitolshügel im Zentrum der Stadt entsteht ein erster großer Tempel für den Gott Jupiter. Bereitwillig übernehmen die ansässi-

Goldtäfelchen mit etruskischer Inschrift

Wissen *spezial*

Wer kommt in den Senat?
Der römische Senat bestand erst aus den Häuptern der Adelsfamilien, dann wurden alle, die ein politisches Führungsamt bekleidet hatten, automatisch und lebenslang Senatoren. Der Senat hatte in der Zeit der Republik etwa 300 Senatoren.

gen Latiner die religiösen Vorstellungen der Etrusker. Neben den griechischen Göttern – Jupiter ist der griechische Göttervater Zeus – gehört dazu auch der Glaube, den Willen der Götter an natürlichen Zeichen ablesen zu können, etwa an dem Flug der Vögel oder der Farbe von Blitzen.

Von der etruskischen Königsherrschaft zur römischen Republik

Die Herrschaft der Etruskerkönige dauert über 200 Jahre. Nach der römischen Sage soll es, Romulus eingeschlossen, insgesamt sieben Könige gegeben haben. Alles, was man über sie weiß, ist aus dem Reich der Legende. Echt ist von diesen wahrscheinlich nur der Letzte in der Reihe. Dieser König Tarquinius hat in der römischen Überlieferung den Beinamen Superbus, das heißt: der Hochmütige. Mit seiner willkürlichen Art des Herrschens verscherzt er sich alle Sympathien, und als ihn die Römer 509 v. Chr. in die Verbannung schicken, schaffen sie bei der Gelegenheit auch gleich die Königsherrschaft insgesamt ab. Statt sich von einem auf Lebenszeit herrschenden König regieren zu lassen, wählen die im **Senat** versammelten Adligen nun aus ihrem Kreis einen Konsul aus, dem sie für ein Jahr die Macht übertragen. Der Konsul leitet die Sitzungen des Senats. Die Senatoren stellen Gesetzesanträge und stehen an der Spitze der **Legionen**, wenn diese in den Krieg ziehen. Wer Konsul werden will, muss mindestens 43 Jahre alt sein. Nach Ablauf seines Amtsjahres wird

Rom verfügte bereits früh über eine Kanalisation, z. B. zum Ablauf von Regenwasser.

Siegesgewiss blicken die Etrusker auf Rom, aber vergeblich.

ein Nachfolger eingesetzt, der seinerseits nach einem weiteren Jahr einem anderen Senator Platz macht. Mit dieser patenten Lösung wird eine Neuauflage der Alleinherrschaft verhindert. Die Adligen bestimmen nun, wer die Macht im Staat hat. Später gehen sie noch einen Schritt weiter und lassen das nun an der Auswahl der Konsuln beteiligte Volk pro Jahr nicht nur einen, sondern gleich zwei Konsuln wählen. Dadurch wird ein weiterer Führungsposten für ehrgeizige Adlige geschaffen und gleichzeitig ein wirksames Kontrollsystem hergestellt, indem die beiden Konsuln sich bei der Amtsführung gegenseitig genau auf die Finger schauen. So bildet sich allmählich jene politische Ordnung heraus, die etwa 500 Jahre Bestand hat.

Wissen spezial

Legion kommt von „legere" – sammeln

Gemeint ist hier das Sammeln von freiwilligen Kämpfern, Legionäre genannt. Die Legionen der frühen Königszeit hatten 3000–4000 gut ausgerüstete und ausgebildete Fußsoldaten. In Friedenszeiten gingen die Legionäre ihren normalen Berufen nach.

Hier sind die bedeutendsten römischen Götter versammelt: Jupiter, Juno und Minerva. Es gab Kopien dieser Skulptur im ganzen Römischen Reich.

Das Bild aus dem 17. Jh. zeigt, wie es ausgesehen haben könnte, wenn Romulus zu seinem Volk sprach.

Das Ringen um die politische Macht

Der Übergang von der Königszeit zur Republik wird von heftigen innenpolitischen Erschütterungen begleitet, die bis zum Beginn des 3. Jahrhunderts v. Chr. andauern. In den Geschichtsbüchern von heute werden sie als „Ständekämpfe" bezeichnet. Es handelt sich dabei um Gegensätzlichkeiten zwischen den **Patriziern** auf der einen und den **Plebejern** auf der anderen Seite. Diejenigen unter den Plebejern, die es durch Handelsgeschäfte zu Reichtum gebracht haben, fordern gleich zu Beginn der Republik die politische Gleichberechtigung mit den Patriziern. Nach langen und aufreibenden Auseinandersetzungen erhalten die führenden Plebejer schließlich alle wichtigen politischen Rechte. Ihr größter Erfolg ist 367 v. Chr. das Zugeständnis, dass Plebejer nun auch Konsuln sein dürfen.

Wissen spezial

Patrizier und Plebejer
Die Patrizier sind alteingesessene Adlige, die sich auf ihre Väter berufen. Die Plebejer stellen die große Masse der Menschen, die nicht zum Adel gehören. Von politischen Ämtern sind sie anfangs ausgeschlossen.

Es ist überhaupt kein Zufall, dass Rom gerade in dieser Zeit damit beginnt, sich zur politischen und militärischen Vormacht in Italien zu entwickeln. Denn die plebejischen Adligen wollen den patrizischen Kollegen beweisen, dass man sie zu Recht in den erlauchten Kreis der Senatoren aufgenommen hat. Plebejer sind es, die als Konsuln die Bürger zu den Waffen rufen, um mit kriegerischen Erfolgen Lorbeeren zu ernten.

In dem Dörfchen Pitigliano in der Toskana finden sich noch heute viele Hohlwege der Etrusker.

Zu Beginn des 3. Jahrhunderts v Chr. sind die meisten Völker in Italien von Rom abhängig. Doch das ist nur der Auftakt zu einer ausgreifenden Eroberungspolitik, an deren Ende sich die Adligen vom Tiber als Herren der Welt fühlen dürfen.

Thema | **Wie viel Macht hatte das Volk?**

Nach dem Sturz des Königs wurde das politische Leben von den Adligen gelenkt. Das Masse des Volkes hatte wenigstens in der Volksversammlung die Gelegenheit, sich an politischen Entscheidungen zu beteiligen. Jedoch durfte man keine eigenen Anträge einbringen, sondern nur über die Vorlagen der Konsuln abstimmen. Frauen waren von den Versammlungen ausgeschlossen. Die Versammlungen fanden unter freiem Himmel auf dem Marsfeld, einem großen Platz im Norden der Stadt vor den Toren von Rom, statt. Dieser 250 Hektar große Platz wurde sonst für Militärübungen genutzt.

Auf zu **neuen Ufern**

Die Große Griechische Kolonisation

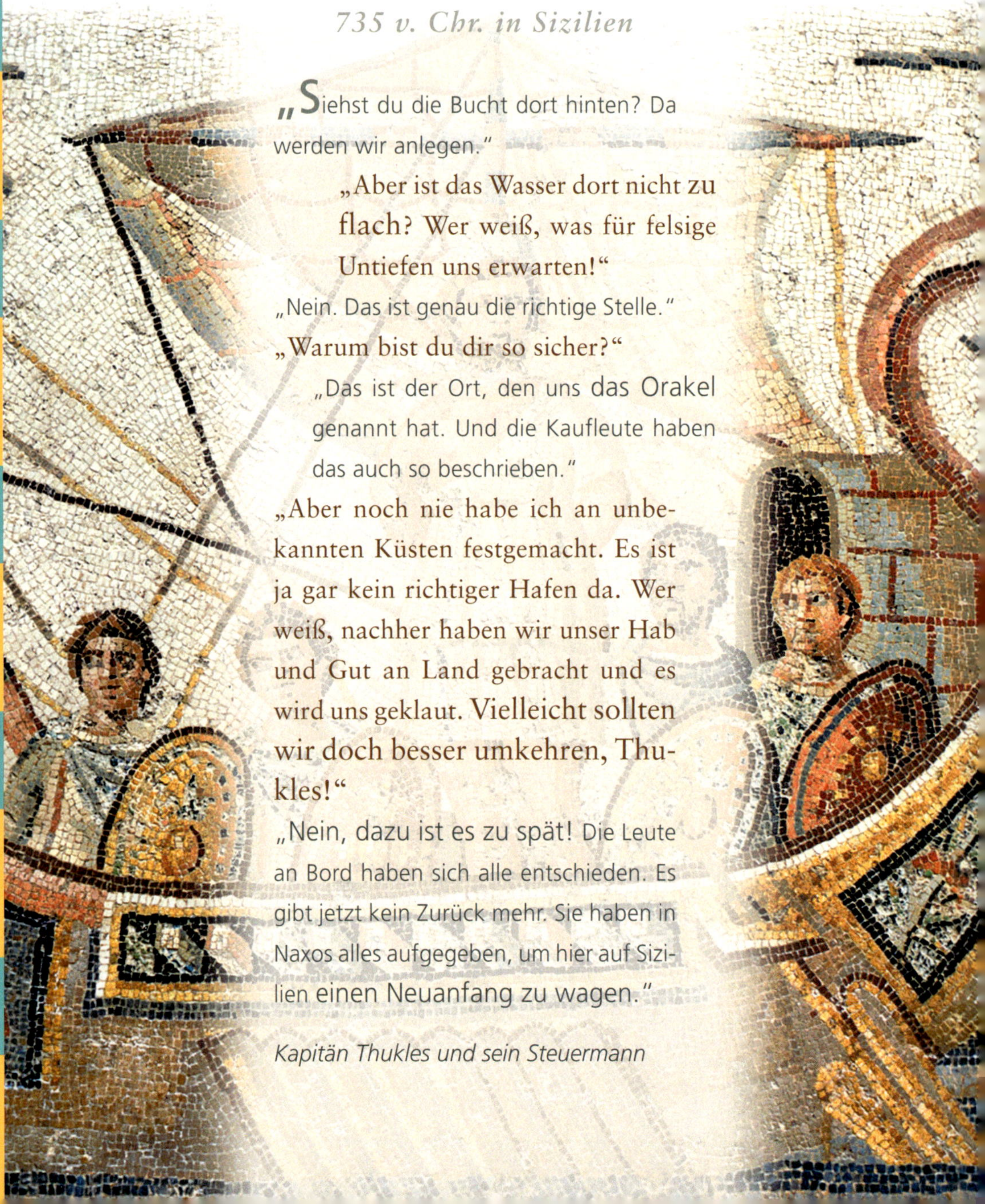

735 v. Chr. in Sizilien

„Siehst du die Bucht dort hinten? Da werden wir anlegen."

„Aber ist das Wasser dort nicht zu flach? Wer weiß, was für felsige Untiefen uns erwarten!"

„Nein. Das ist genau die richtige Stelle."

„Warum bist du dir so sicher?"

„Das ist der Ort, den uns das Orakel genannt hat. Und die Kaufleute haben das auch so beschrieben."

„Aber noch nie habe ich an unbekannten Küsten festgemacht. Es ist ja gar kein richtiger Hafen da. Wer weiß, nachher haben wir unser Hab und Gut an Land gebracht und es wird uns geklaut. Vielleicht sollten wir doch besser umkehren, Thukles!"

„Nein, dazu ist es zu spät! Die Leute an Bord haben sich alle entschieden. Es gibt jetzt kein Zurück mehr. Sie haben in Naxos alles aufgegeben, um hier auf Sizilien einen Neuanfang zu wagen."

Kapitän Thukles und sein Steuermann

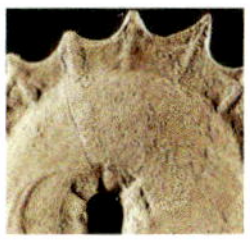

Die 150 Männer, die im Frühjahr des Jahres 735 v. Chr. mit ihrem **Schiff** an der Ostküste Siziliens ankommen, sind die ersten von Tausenden von Siedlern aus Griechenland, die in der Folgezeit an die Küsten des westlichen Mittelmeeres ziehen, um dort ein neues Leben zu beginnen. Die Männer haben eine beschwerliche Reise hinter sich. Mehr als vier Wochen sind seit der Abfahrt aus Griechenland vergangen. Jetzt freuen sie sich darauf, endlich wieder an Land gehen zu dürfen. Und doch beschleicht sie ein ungutes Gefühl. Was wird sie in der Fremde erwarten? Werden sie hier ein neues Zuhause aufbauen können? Die jungen Männer haben ihre Eltern, Frauen und Freunde nicht freiwillig, sondern aus Not in der Heimat zurückgelassen, denn dort gibt es nicht mehr genug zu essen. Die kargen Böden Griechenlands reichen nicht aus, um alle Menschen zu ernähren. Viele Bauern haben sich verschuldet. Gibt es

Die Griechen betrieben Handel mit Seide, Schmuck, Keramik und vielem mehr.

dazu noch eine Missernte wie im letzten Jahr, ist die Not besonders groß. An manchen Orten gilt die Anweisung, die Zahl der Kinder in den Familien auf ein einziges zu beschränken. Weil sich kaum einer daran hält, bleibt als Lösung nur die Auswanderung eines Teiles der Bevölkerung.

Wissen spezial

Die Schiffe der alten Griechen

Zu Beginn der Kolonisation benutzten die Griechen einfache Holzschiffe, die mit Segeln und Rudern angetrieben wurden. Später entwickelten sie die Triere. Dieser „Dreiruderer" hatte drei übereinander angeordnete Reihen von Ruderern.

Wissen spezial

Wo war Phönizien?
Die Heimat dieses ersten Seefahrervolks der Antike war der heutige Libanon. Von hier aus unternahmen die Phönizier mit ihren wendigen Schiffen weite Fahrten, die sie bis in den Atlantik führten. In Nordafrika gründeten sie die Handelsmetropole Karthago.

Die Seefahrer auf dem Schiff vor Sizilien kommen aus Naxos, einer Insel in der südlichen Ägäis zwischen dem griechischen Festland und der heutigen Türkei. Dort wurden diejenigen ausgewählt, die mutig genug sind, ihr Glück in der weiten Welt zu suchen. Die Seefahrt ohne Kompass ist riskant und mit unbekannten Gefahren verbunden. Nach Möglichkeit fährt man an den Küsten entlang und orientiert sich an den Sternen.

Die Stadt Taormina auf Sizilien war griechisch, wurde im 10. Jh. n. Chr. zerstört und im Mittelalter neu gegründet; im Hintergrund der Ätna.

Wohin soll die Reise gehen?

Im Osten des Mittelmeeres sind die besten Plätze schon vergeben. In einer ersten Auswanderungswelle hatten sich andere Griechen schon um 1000 v. Chr. an der Westküste der heutigen Türkei festgesetzt und Kolonien gegründet – so nennt man solche Stadt- oder Staatsgründungen heute. Durch Handel mit dem Orient und dem Schwarzmeergebiet sind Städte wie Milet dort zu großem Wohlstand gelangt. Gehandelt werden vor allem Seidenstoffe, Trauben, Keramik und Schmuck. Für neue Siedlungen ist hier an der heute türkischen Mittelmeerküste damals kein Platz

Eine griechische Vasenmalerei zeigt, wie Tuchhändler ihre Ware wiegen.

Reliefdarstellung von Skylla, dem Meeresungeheuer

mehr. Also bleibt nur der Kurs in die Gegenrichtung, nach Westen.

Ebenfalls um 1000 v. Chr. hatten Seefahrer aus **Phönizien** damit begonnen, die Seewege nach Frankreich und Spanien zu erkunden. Ihnen folgten auf der Suche nach neuen Märkten und Handelsplätzen griechische Kaufleute. Ihre Erzählungen über das, was sie unterwegs erlebt haben, hören sich wie **Seemannsgarn** an. So erzählen sie zum Beispiel von zwei Ungeheuern namens Skylla und Charybdis, die an der Straße von Messina zwischen Süditalien und Sizilien hausen. Skylla hat sechs Köpfe und zwölf Arme und lauert auf die vorbeiziehenden Seefahrer, um sie zu verschlingen. Charybdis saugt an der anderen Seite dreimal am Tag das Wasser auf und speit es dann mit lautem Getöse wieder aus. So erklären sich die Seefahrer den Wechsel von Ebbe und Flut in der Straße von Messina.

Wissen spezial

Seemannsgarn in der Dichtung

Von den Abenteuern des Seefahrers Odysseus handelt das Epos des griechischen Dichters Homer. Zwar ist Odysseus eine Sagengestalt. Doch beruhen die Erlebnisse auf den Erfahrungen jener Kapitäne, die während der Kolonisation über die Meere fahren.

Außer Seemannsgarn liefern die Kapitäne der Handelsschiffe den Anführern der Siedler aber auch wichtige Informationen über die Beschaffenheit der Küsten und des Landes, über die Menschen, auf die sie gestoßen sind, und die Besonderheiten, die Gefahren, auf die bei der Über-

Zu allen Zeiten wurde in Sizilien mit Oliven gehandelt.

fahrt zu achten ist. Viele Auswanderer befragen außerdem das Orakel von Delphi, um sicherzugehen, wohin sie ihr Schiff am besten lenken.

Die Männer aus Naxos haben Sizilien als Ziel gewählt. Auch wenn alles gut vorbereitet ist, haben sie Zweifel. Kann man sich dort wirklich für immer niederlassen? Der junge Thukles, den die Männer zum Anführer gewählt haben, übernimmt die Regie. Nötig sind ein guter Hafen, Süßwasser und Schutz vor Überfällen. Sizilien ist kein menschenleerer Ort. Die Stämme der Sikaner und der Sikuler siedeln dort. Thukles kann die Sorgen der Männer zerstreuen. An der Ostküste und im Hinterland vermutet er keine gefährlichen Rivalen.

Thema | **Das Orakel von Delphi**

Das Befragen eines Orakels ist für die Menschen der antiken Welt eine von mehreren Möglichkeiten, die Zukunft vorherzusagen. In Delphi fragten Koloniegründer aus ganz Griechenland nach den Aussichten für ihre Reise- und Siedlungspläne. Sie richteten ihre Fragen an die Priester. Diese gingen

das Orakel über der Felsspalte befragen und vermittelten dann die Antwort. Nach erfolgreicher Koloniegründung brachten die Kolonisten oft Dankgeschenke, so dass das Orakel viele Erfahrungsberichte erhielt und tatsächlich in der Lage war, Auskunft zu erteilen.

Nicht mehr viele Sizilianer können heute vom Fischfang leben.

Das neue Leben beginnt

Jetzt krempeln die Männer die Ärmel hoch und machen sich an die Arbeit. Sie markieren das Gebiet, auf dem ihre Siedlung entstehen soll. Später wird hier eine mächtige Stadtmauer stehen. Die Grundstücke werden gerecht unter den Siedlern aufgeteilt. Bald können die Männer in ihre Wohnhäuser einziehen. Daneben zimmern und sägen sie eifrig an den Tempeln für die Götter, denn unter dem Schutz des Zeus oder des Apollon lebt man ruhiger. Die Siedler bebauen das Land, betreiben Viehzucht und Fischfang und bald knüpfen sie neue Handelsbeziehungen.

So stellt sich rasch ein bescheidener Wohlstand ein. Das ist der richtige Zeitpunkt, um die Frauen aus der Heimat nachkommen zu lassen. Mit ihnen erscheinen, angelockt von den verheißungsvollen Nachrichten aus Sizilien, weitere Auswanderer. Die kleine Kolonie Naxos beginnt zu

Naxos, die ursprüngliche Heimat der ersten Kolonisten, ist heutzutage eine beliebte Urlaubsinsel.

wachsen. Wie sehr die neue Kolonie blüht und gedeiht, zeigen die modernen Ausgrabungen. Die Archäologen förderten zum Beispiel ein großes Handwerkerviertel mit Töpferwerkstätten zutage. Berühmt ist Naxos auch für seine künstlerisch hochwertigen Münzen, auf denen der Weingott Dionysos mit Reben zu sehen ist. Bald werden in Sizilien weitere Siedlungen gegründet, dazu gehört etwa die heutige Großstadt Catania.

„Wie die Frösche um den Teich"

Als die Nachricht von der erfolgreichen Gründung der Kolonie Naxos die Runde macht, entschließen sich noch mehr Griechen aus der Ägäis, in das fruchtbare Sizilien zu ziehen. So entstehen zahlreiche griechische Siedlungen auf Sizilien. 734 v. Chr. gründen Griechen aus Korinth Syrakus, das sich später zu einer der prächtigsten Städte auf der Insel entwickelt. Neuankömmlinge aus dem Mutterland erhalten ein Stück Boden, von dem sie gut leben können. Nach fast 200 Jahren sind der ganze Osten und Süden

In Paestum (Italien) wurde diese griechische Malerei gefunden, die im frühen 5. Jh. v. Chr. als Grabmal diente.

Diese Buchmalerei zeigt die Erbauung von Marseille im Jahr 600 v. Chr.

Siziliens fest in griechischer Hand. In den Westen der Insel wagt sich niemand vor, weil dort die Karthager herrschen. So nehmen die Griechen als Nächstes Süditalien ins Visier. Noch heute staunen die Touristen über die imposanten Ruinen von Paestum, und der Name „Neapel" erinnert daran, dass die Millionenstadt als „Neapolis" (wörtlich „Neustadt") einst ebenfalls von Griechen gegründet worden ist. Andere Auswanderer verschlägt es sogar nach Südfrankreich, wo sie den Grundstein der heutigen Millionenstadt Marseille legen.

Die Große Griechische Kolonisation, wie sie von Historikern genannt wird, dauert etwa 200 Jahre. Nach 550 v. Chr. verebbt der Strom der griechischen Auswanderer, weil nun auch die Küsten des westlichen Mittelmeeres ziemlich voll sind. Im 4. Jahrhundert v. Chr. schreibt der Philosoph Platon: „Die Griechen sitzen jetzt um das Meer wie die Frösche um den Teich."

Geld verändert die Welt

König Krösus und die ersten Münzen

555 v. Chr. in Lydien

„Nein, dieses Metallstück brauchst du nicht zu wiegen. Sieh nur den Löwenkopf, den kennst du doch, das ist das Siegel des Königs. Er selbst steht dafür gerade, dass mit dieser Münze alles in Ordnung ist. Oder vertraust du etwa deinem König nicht?"

„Warum soll ich König Krösus nicht vertrauen? Er hat uns allen Wohlstand gebracht. Er ist der reichste Mann der Welt und hat eine Menge guter Ideen. Nur muss ich mich erst an diese Geldstücke gewöhnen. Bist du auch sicher, dass ich damit alles kaufen kann, was ich will?"

„Natürlich kannst du das. Das ist doch großartig, wie schnell wir jetzt die Geschäfte abwickeln können. Das haben wir alles Krösus zu verdanken. Doch nun hast du mein Geld bekommen, jetzt gib mir endlich einen Becher Wein dafür!"

Ein Wirt und sein Gast

Krösus ist ein glücklicher Mensch. Bisher ist alles, was der König von Lydien anpackt, erfolgreich. 561 v. Chr. übernimmt er von seinem Vater Alyattes die Herrschaft in dem Reich, das im Westen der heutigen Türkei liegt. In der Hauptstadt Sardes residiert der Herrscher in einem prächtigen Palast. Gerne empfängt er auswärtige Gäste und präsentiert ihnen stolz die großen Hallen, die prunkvollen Gärten, die kostbaren Gemälde und all den Luxus, den sich ein reicher König leisten kann. Ab und zu dürfen ausgewählte Besucher einen Blick in seine Schatzkammern werfen. Die Reaktion ist immer dieselbe: Ihnen stockt der Atem und sie trauen ihren Augen

Krösus prahlt mit seinem Reichtum vor seinen Gästen.

nicht. Denn vor ihnen häufen sich unvorstellbare Mengen von blinkendem Gold und schimmerndem Silber, kunstvoll geschmiedeten Gefäßen, herrlichem Schmuck und anderen kostbaren Gegenständen an. Ja, denken sie, Krösus muss wirklich ein glücklicher Mann sein.

Einem Gast aus Athen, der Krösus einen Gefallen erwiesen hat, macht der reiche König ein verlockendes Angebot: Er darf so viel Gold mitnehmen, wie er an seinem Körper auf einmal wegtragen kann. Der Athener denkt kurz nach. Dann besorgt er sich einen extrem weiten Mantel und streift sich die größten Stiefel über, die er finden kann. In dieser Aufmachung lässt er sich in die königliche Schatzkammer führen, wo er sich als Erstes so viele Goldstücke schnappt, wie in seine riesigen Stiefel passen. Dann stopft er sich den Mantel voll, streut Goldstaub auf die Haare und füllt zum guten Schluss auch noch den ganzen Mund mit dem edlen Metall. Einen Abschiedsgruß kann er dem König nun nicht mehr entbieten. Doch Krösus ist beeindruckt von dem Einfallsreichtum seines Gastes und gibt ihm noch mehr Gold mit auf den Weg.

Von Sardes existieren nur noch Ruinen. Hier ist ein Kapitell (oberer Teil einer Säule) zu sehen, das einst zu einem Heiligtum gehörte.

Der Reichtum des Krösus kommt nicht von ungefähr. Schon seine Vorfahren haben damit begonnen, die Gold- und Silberminen in den Bergen des Landes auszubeuten. Außerdem hat man Gold im Bett des Flusses Paktolos entdeckt, der direkt durch die Hauptstadt Sardes fließt. Krösus lässt das Gold, das er selbstverständlich für sich selbst beansprucht, aus dem Fluss holen. Von dort wandert es direkt in die königlichen Schatzhäuser. Reich wird Krösus aber auch dadurch, dass er umfangreiche Handelsbeziehungen mit den Nachbarvölkern pflegt, so mit den Griechenstädten an der Westküste von Kleinasien und im Osten mit dem Reich der Perser.

Bis zur Einführung des Münzgeldes mussten die Waren umständlich abgewogen und der Tauschpreis ausgehandelt werden.

Der Weg von der Tauschwirtschaft zur Geldwirtschaft

Wer so vermögend ist wie Krösus, macht sich auch Gedanken über den Handel und den Warenverkehr. Krösus gefällt es durchaus nicht, wie umständlich die Handelsgeschäfte abgewickelt werden. Die meisten Geschäfte werden durch Tauschhandel abgeschlossen. Für eine Ware, die man erwerben möchte, bietet man etwas anderes an. Darüber, ob die zu tauschenden Waren tatsächlich gleich viel wert sind, wird oft lange verhandelt. Außerdem ist es sehr umständlich, die Tauschwaren immer mit sich herumzuschleppen. Als Lasttiere dienen Esel. Aber auch mit Eseln legen die Händler meist nicht mehr als 40 Kilometer Weg bis zum nächsten Markt zurück. Denn sonst ist das Futter für den Esel so teuer und schwer, dass sich das Geschäft nicht mehr

Esel werden auch heute noch zum Transport von Waren eingesetzt.

Mit Hammer und Amboss wurden die Münzen geprägt.

lohnt. Auf den Fernhandelsstraßen über Land nach Asien werden leichte, wertvolle Güter transportiert. Große Mengen können nur auf Schiffe verladen werden. Da ist der Handel mit Gold- und Silber- oder anderen Edelmetallstücken schon einfacher. Ein Kunde, der ein Pferd kaufen will, bietet dem Besitzer ein Stück Edelmetall. Dieser wiegt es mit einer genauen Waage und überzeugt sich, dass das Metall auch wirklich echt ist. Im wahrsten Sinne des Wortes hat sich manch einer an solchen Geschäften schon die Zähne ausgebissen, denn in der Regel prüft man die Echtheit des Metalls mit dem Beißtest.

Gibt es nicht einfachere und schnellere Methoden, um Geschäfte über die Bühne zu bringen? Hierzu hat der reiche König eine gute Idee: Wenn alle Goldstücke gleich viel wert sind, muss der Wert nicht mehr bei jedem Geschäft neu bestimmt werden. Der König übernimmt die Garantie für die Echtheit und den Wert der Münze. Deshalb legt er das Gewicht und den Feingehalt an Metall fest.

Lydische Löwenköpfe

Ohne viel Zeit zu verschwenden, macht sich Krösus an die Umsetzung seines Plans. In der Hauptstadt Sardes gründet er eine königliche Münzprägestätte. Die Arbeiter brauchen dazu einen Amboss, in den das vorgeformte Metallstück aus Gold, Silber oder Bronze, der Schrötling, eingespannt wird. Das Wichtigste ist der Prägestempel mit dem Siegel des Königs, dem **Löwenkopf**. Er ist sozusagen die Garantieurkunde des Königs. Mit einem kräftigen Hammerschlag auf den Stempel übertragen die Arbeiter das Bild auf den Schrötling und fertig ist die Münze. Die ersten Münzen aus den Produktionsstätten des Königs Krösus sehen noch nicht besonders kunstvoll und eher oval als rund aus. Krösus brachte zu seiner Zeit nur eine einzige Münze in Umlauf.

Wissen spezial

Münzen mit Löwenköpfen

Im Orient gilt der Löwe als Zeichen der Kraft und Macht und hat sich als solches im gesamten Mittelmeerraum und auch nach Mitteleuropa verbreitet. Auf vielen Wappen zeigt der Löwe an, dass diese Fürsten berechtigt sind, Münzen zu prägen.

Thema | **Was lässt sich auf Münzen zeigen?**

Die alten Griechen kennzeichneten ihre Münzen ausschließlich durch Bilder und Symbole. Alexander der Große war im 4. Jahrhundert v. Chr. der erste Herrscher, der sein eigenes Porträt abbilden ließ. Die römischen Kaiser setzten diese Tradition fort und versahen die Münzen außerdem mit verschiedenen Aufschriften. Neben ihren Titeln und Ehrennamen enthielten diese „Legenden" auch kurz gefasste, formelhafte Mitteilungen der Herrscher an ihre Bevölkerung. So pries man zum Beispiel Erfolge im Krieg oder politische Großtaten.

Andere Städte – andere Münzen

Das Beispiel Lydien macht schnell Schule, zuerst bei den griechischen Nachbarn an der Westküste Kleinasiens, dann auf den Inseln der Ägäis und im griechischen Mutterland sowie in Persien. Jedoch gilt bei ihnen die Währung des lydischen Königs nicht. Sie prägen ihre eigenen Münzen und benutzen als Bilder ihre eigenen Symbole. So verwenden die Athener das Bild der Stadtgöttin Athene, die Korinther präsentieren auf ihren Münzen **Pegasos**, das geflügelte Pferd. Die Griechen sind es auch, die das System verfeinern und sich nicht nur, wie Krösus, auf einen einzigen Münztyp beschränken. Sie produzieren Münzen mit unterschiedlichem Gewicht und Wert, sodass die Benutzer jetzt, wie wir heute auch, unter mehreren **Münzeinheiten** wählen können.

Wissen spezial

Wer ist Pegasos?

In Korinth wurde das mythische Wesen verehrt, weil man glaubte, es habe hier mit einem Hufschlag eine Quelle entspringen lassen. Später fliegt es zum Himmel empor und bildet das Sternbild zwischen Andromeda und Wassermann.

Probleme gibt es allerdings, wenn man außerhalb der Heimat etwas kaufen will. Anders als in Persien, wo im ganzen Königreich eine Währung gilt, hat in Griechenland jeder Stadtstaat, jede Polis, ihre eigenen Münzen. Reist zum Beispiel ein Mann aus Athen nach Korinth, so muss er sein athenisches Geld gegen korinthisches Geld umtauschen. Die Geldwechsler stellen ihre Tische an belebten Plätzen auf. Natürlich sind sie auf Gewinn aus und lassen sich ihre Dienste gut bezahlen.

Ausgehend von Lydien kam auch in Athen Münzgeld in Umlauf.

Die Glückssträhne des Krösus, der diese rasante Entwicklung in Gang gebracht hat, ist allerdings nicht von ewiger Dauer. Er lässt sich auf einen Krieg gegen das mächtige Reich der Perser ein und das vor allem, weil das Orakel von Delphi ihm vohergesagt hat: „Wenn du gegen die Perser ziehst, wirst du ein großes Reich zerstö-

König Kyros besiegt die Lyder.

ren." Wie so viele Orakelsprüche, ist auch dieser zweideutig. Denn nicht das riesige persische Reich, sondern sein eigenes kleines Reich war damit gemeint. 547 v. Chr. erobern die Perser unter ihrem König Kyros das Reich von Lydien und besetzen die Hauptstadt Sardes. Ob Krösus dabei getötet wird oder in persische Gefangenschaft gerät, ist bis heute nicht geklärt.

Wissen spezial

Welche Münzen hatten die Griechen?
Die kleinste Münze war die Obole mit etwa einem Gramm Gewicht. Die Drachme (wörtlich „eine Handvoll") wog das Sechsfache der Obole. Am schwersten war das Talent mit einem Gewicht von über 37 Kilogramm. Geldscheine kamen erst im 7. Jahrhundert in China auf.

Eine Weltmacht
von unglaublicher Größe

Das antike Persien

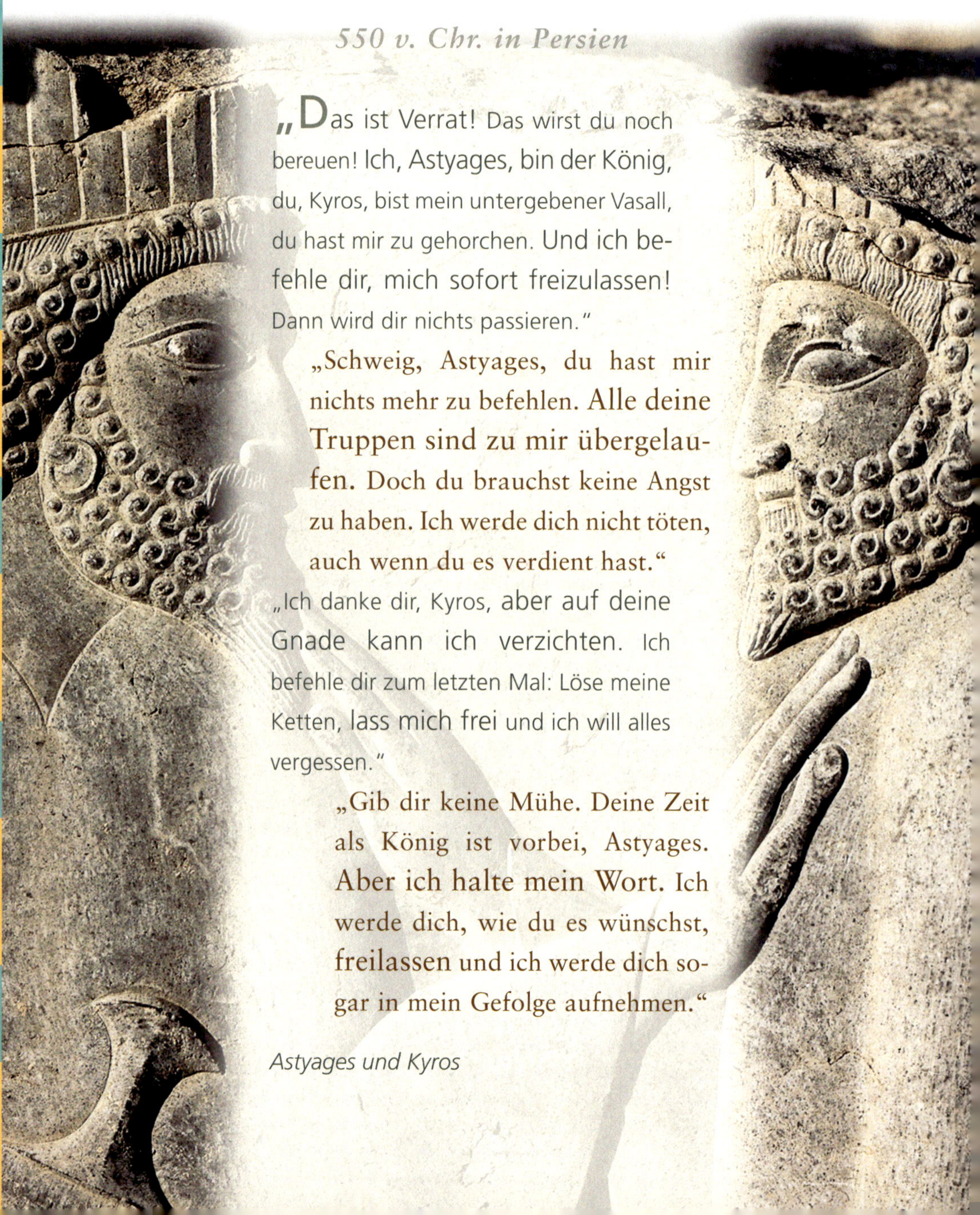

550 v. Chr. in Persien

„Das ist Verrat! Das wirst du noch bereuen! Ich, Astyages, bin der König, du, Kyros, bist mein untergebener Vasall, du hast mir zu gehorchen. Und ich befehle dir, mich sofort freizulassen! Dann wird dir nichts passieren."

„Schweig, Astyages, du hast mir nichts mehr zu befehlen. Alle deine Truppen sind zu mir übergelaufen. Doch du brauchst keine Angst zu haben. Ich werde dich nicht töten, auch wenn du es verdient hast."

„Ich danke dir, Kyros, aber auf deine Gnade kann ich verzichten. Ich befehle dir zum letzten Mal: Löse meine Ketten, lass mich frei und ich will alles vergessen."

„Gib dir keine Mühe. Deine Zeit als König ist vorbei, Astyages. Aber ich halte mein Wort. Ich werde dich, wie du es wünschst, freilassen und ich werde dich sogar in mein Gefolge aufnehmen."

Astyages und Kyros

Was sich 550 v. Chr. in Persien abspielt, ist eigentlich nichts Besonderes. Hier hat es bisher jeder König schwer gehabt, sich gegenüber den selbstbewussten Adligen des Landes zu behaupten. Astyages aus dem iranischen Volk der Meder hat es immerhin geschafft, sich 35 Jahre lang als Herrscher an der Spitze des Landes zu halten. Doch dann ereilt auch ihn das Schicksal vieler seiner Vorgänger: Kyros, ein ehrgeiziger Fürst aus dem Süden des Landes, baut selbst eine Armee auf und zieht mit dieser gegen den König. Schon bevor es zu einer richtigen Schlacht kommt, wechseln die Truppen des Astyages, die Kyros mit Gold und Geschenken anlockt, die Seite und schließen sich dem Aufrührer an. Astyages nehmen sie gefangen und übergeben ihn Kyros, dem neuen Herrscher. Seinen eigenen Leuten erlaubt Kyros, die Schatzhäuser des abgesetzten Königs in der Hauptstadt Ekbatana zu plündern.

Kyros steht als Kind vor dem Thron des Königs Astyages.

Was geschieht mit König Astyages?

Als sich Kyros den gestürzten Astyages zum Verhör vornimmt, befürchtet dieser das Schlimmste. Um seine Furcht zu verbergen, provoziert er Kyros mit frechen Bemerkungen. Doch dieser lässt sich nicht aus der Ruhe bringen. Astyages staunt nicht schlecht, als Kyros ihm eine untergeordnete Position in seinem Gefolge in Aussicht stellt. Dieses Patentrezept wird auch für die späteren Erfolge des Kyros entscheidend sein. Wer in einem Land wie Persien regiert, das so oft seine Könige wechselt, muss darauf achten, den Posten nicht sofort wieder an einen anderen Adligen zu verlieren. Die Rivalen müssen besänftigt werden,

Auch heute noch bauen Nomaden ihre Hütten an jedem Ort neu auf.

dann kommen sie nicht auf die Idee, sich selbst an die Spitze des Reiches zu setzen. Und das kann nur gelingen, wenn der König ihnen etwas zu bieten hat.

Wissen spezial

Was sind Nomaden?
So nennt man Hirtenvölker, die mit ihren Viehherden umherziehen. Sie haben keinen festen Wohnsitz, sondern leben in Zelten, die sich einfach ab- und aufbauen lassen. Nomaden gibt es auf der ganzen Welt.

Astyages profitiert als Erster von dem neuen politischen Kurs seines Nachfolgers. Er verliert zwar die Königswürde, genießt aber unter Kyros weiterhin eine Stellung mit besonderen Rechten und Aufgaben. Auch andere Adlige beruft Kyros in der Folgezeit in Führungspositionen. Beeindrucken will der König seine Landsleute aber nicht nur auf diese Weise. Er denkt auch an Kriege und Eroberungen, die ihm Ruhm und Ehre einbringen sollen. Und tatsächlich startet er bald danach eine ganze Serie von Feldzügen, an deren Ende große Teile Asiens unter persischer Herrschaft stehen. Sein Vorgehen hat der König vorher genau geplant.

Die Eroberungszüge des Kyros

Persische Krieger waren nicht einheitlich, sondern entsprechend ihrer Herkunft gekleidet.

Als Erstes erobert Kyros 547 v. Chr. das Reich des Krösus, des Königs von Lydien, im westlichen Kleinasien. Nach dessen Unterwerfung erstreckt sich der Machtbereich der Perser bis an die Küsten des östlichen Mittelmeeres. Danach kommen Syrien und Palästina sowie das ruhmreiche Babylonien an die Reihe. Mit der Einnahme der Hauptstadt Babylon 539 v. Chr. fällt auch das Land zwischen Euphrat und Tigris in die Hände des Kyros. In Babylon müssen die Perser keinen Finger rühren: Die mit ihrem eigenen König unzufriedenen Einwohner übergeben die Stadt kampflos. Kyros achtet auf eine schonende Behandlung der Unterworfenen, denn auch sie will er für seine Herrschaft gewinnen. Er lässt den Babyloniern ihre Religion und die althergebrachten Sitten und Gebräuche. Müssten sie an die Sieger keine Steuern und Tribute zahlen, könnten die Menschen fast vergessen, dass sie nun von Fremden regiert werden.

Anders sieht es am östlichen Rand des großen Reiches aus. Ein Unruheherd bleiben die Regionen östlich von Persien. Die dortigen Steppenvölker sind **Nomaden** und entziehen sich dem Zugriff des Königs und zeigen keinerlei Bereitschaft, zu persischen Untertanen zu werden. Die Generäle raten Kyros von einem Feldzug in die unwirtlichen Landschaften des Ostens ab. Doch sie stoßen auf taube Ohren. Seine Hartnäckigkeit muss Kyros mit dem Leben bezahlen. 530 v. Chr. wird der Architekt des persischen Großreiches bei einem Gefecht gegen die ostiranischen Saken getötet.

Das Grab Kyros' ist baulich interessant: Der Sockel erinnert an den Stufenbau im Alten Orient, die Steinmetzarbeiten an die Griechen.

Nach einem nur mehrere Monate dauernden Kampf unterwirft Kambyses Ägypten.

Der König ist tot. Es lebe der König!

In früheren Zeiten wäre unter den persischen Adelsfamilien nun ein heftiger Kampf um die Nachfolge entbrannt. Doch jetzt zeigt sich, wie erfolgreich die Maßnahmen des Kyros zur Sicherung der Herrschaft gewesen sind. Keiner erhebt Einspruch, als Kambyses, der älteste Sohn des Kyros, den Thron besteigt – außer einem seiner Brüder, den Kambyses ohne Umschweife ermorden lässt. Der neue König setzt die Eroberungspolitik des Vaters fort und dirigiert 525 v. Chr. die persischen Armeen nach Ägypten. Innerhalb weniger Monate ist das Reich am Nil unterworfen, Kambyses zieht triumphierend als neuer Pharao in die alte Königsstadt Memphis ein.

Überraschend stirbt Kambyses auf dem Rückweg von Ägypten. Vorübergehend kommt es danach in Persien zu Thronkämpfen, weil der verstorbene König nicht mehr dazu gekommen ist, eine Regelung über die Nachfolge zu treffen. Schließlich setzt sich 522 v. Chr. Dareios aus der

Wissen spezial

Wer waren die Skythen?
Die Skythen waren ein loser Verband einzelner in Südrussland angesiedelter Stämme. Ihre Kampfkraft beruhte auf der Reiterei. Prächtige Grabbeigaben aus Gold zeugen von ihrem Reichtum und dem hohen Standard des Kunsthandwerks.

Ruinen des Wohnpalastes von König Dareios in Persepolis

Familie der Achämeniden durch, der mit der – allerdings erfundenen – Behauptung, mit dem legendären Reichsgründer Kyros verwandt zu sein, Pluspunkte sammelt. Auch dieser neue König führt die Eroberungspolitik seiner Vorgänger fort und regiert so, wie es Kyros vorgemacht hat. Ganz oben auf der Liste steht daher die Aufgabe, militärische Erfolge zu erringen. Als erster persischer König betritt er europäischen Boden und kämpft dort gegen die **Skythen**. Mit einer Niederlage endet 490 v. Chr. die Expedition einer Flotte, die Dareios über die Ägäis nach Griechenland schickt, um Athen zu unterwerfen. Bei Marathon in Attika müssen die Generäle des Königs eine herbe Niederlage einstecken. Zum Ausgleich kann Dareios die persischen Adligen mit der Nachricht von einer gelungenen Landnahme am Indus erfreuen. Damit gehört der westlichste Teil Indiens zu Persien.

Dieser rennende Hirsch diente den Skythen als Schmuckstück.

Wie lange kann Dareios sein Weltreich sichern?

Die lange, bis 486 v. Chr. dauernde Regierungszeit des Dareios ist nicht allein mit Feldzügen angefüllt. Intensiv kümmert er sich um die Organisation der Herrschaft über sein Riesenreich, das sich vom Mittelmeer bis nach Indien erstreckt. Er gründet eine Reihe von neuen Residenzen, unter denen die Stadt **Persepolis** als viel bestauntes Aushängeschild des Königreiches herausragt. Häufig ist der König dort allerdings nicht anzutreffen, denn er ist sehr viel unterwegs, um Tribute, also

Wissen spezial

Residenzstadt Persepolis
Eine Residenz ist der Sitz des Herrschers, meistens ein Palast oder ein Schloss. Die modernen Ausgrabungen in Persepolis (wörtlich „Perserstadt") förderten prächtige Terrassenanlagen mit Palast, Audienzhalle, Schatzkammer und Harem zutage. 330 v. Chr. wurde die Stadt von Alexander dem Großen zerstört.

Thema **Königsstraße durch das Reich der Perser**

Unter den Perserkönigen entstand mit der „Königsstraße" eine der wichtigsten Ost-West-Verbindungen. Über 2100 Kilometer führte sie von Susa in Zentralpersien bis nach Sardes in Anatolien und von dort weiter zur Küste des Mittelmeers. Reisende konnten 111 komfortable Stationen zum Rasten und Wechseln der Pferde in Anspruch nehmen. Königliche Kuriere mit wichtiger Post legten die Strecke bei rekordverdächtigen Tagesleistungen von 300 Kilometern in gerade einmal einer Woche zurück.

Steuerabgaben, zu kassieren oder Recht zu sprechen. Stets reist er mit großem Gefolge, wie ein späteres Dokument beweist, das gewissenhaft alle seine Begleiter aufzählt: 329 königliche Musikantinnen, 46 Kranzflechter, 277 Küchenhelfer, 29 Kesselwächter, 13 Milchspeisenzubereiter, 17 Getränkebereiter, 70 Weinschenker, 40 Parfümierer. Das Reisen zu dieser Zeit ist bequem, denn der König sorgt auch für gut ausgebaute Straßen. Das Reich teilt er in 20 Verwaltungsbezirke ein, die von **Satrapen** geleitet werden. Geheimagenten mit dem wohlklingenden Namen „Ohren des Königs" liefern dem Herrscher wichtige Informationen aus allen Ecken des Reiches. Von seinen Untertanen verlangt der König absoluten Gehorsam. Bei Audienzen müssen die Besucher vor ihm auf die Knie fallen.

Mit diesen Maßnahmen schafft Dareios die Grundlagen für ein stabiles Reich, das auch unter seinen Nachfolgern allen Bedrohungen trotzt, bevor es über 150 Jahre nach dem Tod des Dareios von Alexander dem Großen erobert wird.

Wissen spezial

Welche Aufgaben haben die Satrapen?

„Satrap" ist der persische Name für „Landesbeschützer". Alle Satrapen sind Mitglieder des persischen Hochadels. Neben der Erhebung von Steuern ist ihre Hauptaufgabe die militärische Verteidigung der ihnen zugewiesenen Landesteile.

Prunkvolles Persepolis

Porträtbüste Alexanders des Großen

Athen schwebt **in Gefahr**

Krieg zwischen Griechen und Persern

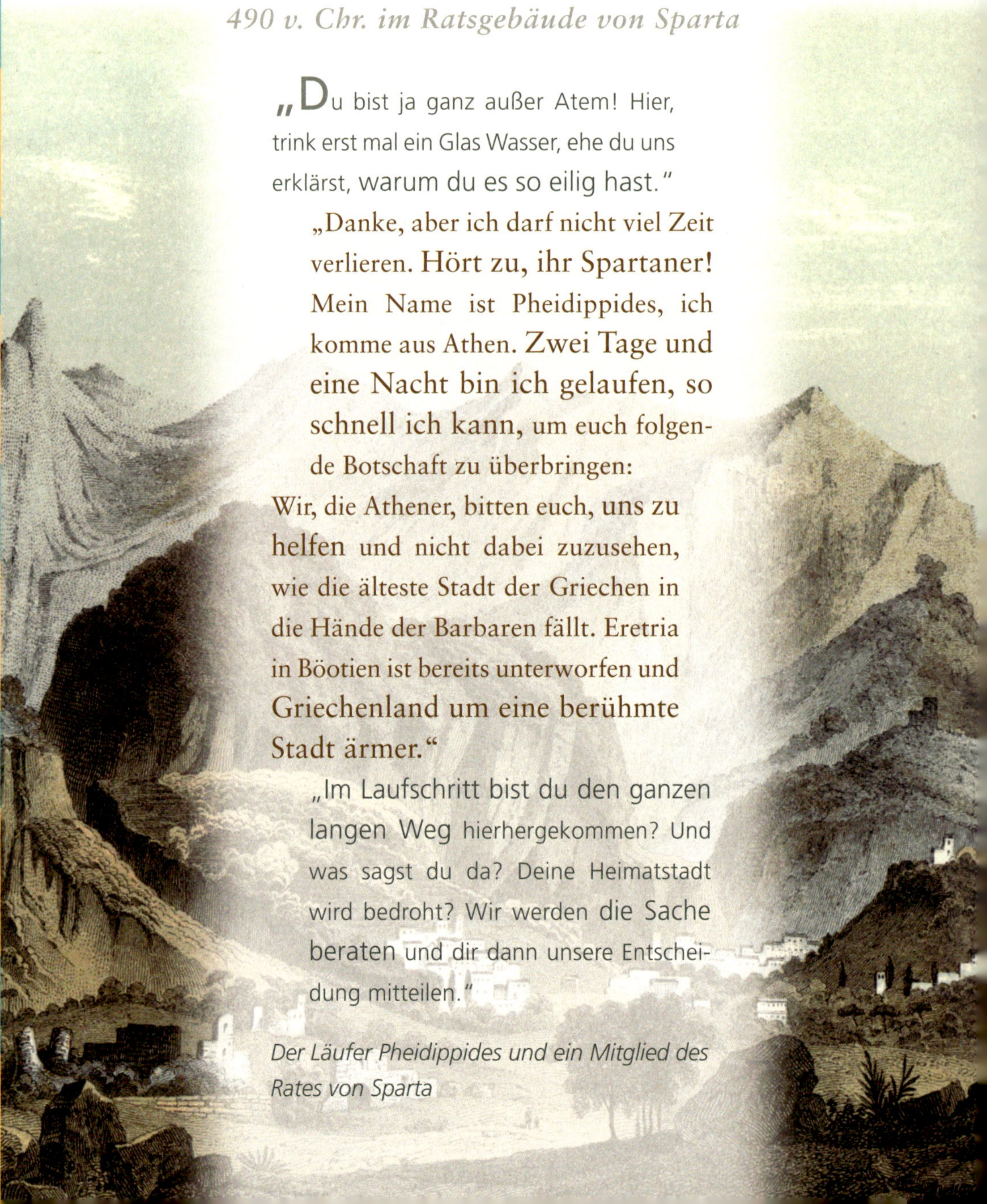

490 v. Chr. im Ratsgebäude von Sparta

„Du bist ja ganz außer Atem! Hier, trink erst mal ein Glas Wasser, ehe du uns erklärst, warum du es so eilig hast."

„Danke, aber ich darf nicht viel Zeit verlieren. Hört zu, ihr Spartaner! Mein Name ist Pheidippides, ich komme aus Athen. Zwei Tage und eine Nacht bin ich gelaufen, so schnell ich kann, um euch folgende Botschaft zu überbringen:

Wir, die Athener, bitten euch, uns zu helfen und nicht dabei zuzusehen, wie die älteste Stadt der Griechen in die Hände der Barbaren fällt. Eretria in Böotien ist bereits unterworfen und Griechenland um eine berühmte Stadt ärmer."

„Im Laufschritt bist du den ganzen langen Weg hierhergekommen? Und was sagst du da? Deine Heimatstadt wird bedroht? Wir werden die Sache beraten und dir dann unsere Entscheidung mitteilen."

Der Läufer Pheidippides und ein Mitglied des Rates von Sparta

Ungeduldig wartet Pheidippides auf das Ende der Beratung. Doch die Spartaner lassen sich viel Zeit. Warum hat er sich dann so beeilt? Die Feldherren haben ihn ausgewählt, weil er der schnellste Läufer von ganz Athen ist. Und jetzt sitzt er untätig herum, während seine Kameraden in höchster Gefahr schweben. Ihm wird ganz schlecht, wenn er an die persischen Barbaren denkt. Sie sind mit ihrer Flotte bei Marathon, direkt vor der Haustür von Athen, vor Anker gegangen. Rache wollen sie nehmen, so hört man, dafür, dass Athen ein paar Jahre vorher den Aufstand der Griechenstädte in Kleinasien gegen die Perser mit einigen Schiffen unterstützt hat. Sicher, Miltiades, der griechische Anführer, ist ein erfahrener Feldherr und die Athener haben eine Streitmacht von 10.000 Bürgern in Waffen. Aber wie sollen sie gegen die doppelt so große Streitmacht der Perser bestehen können? In Eretria haben die Feinde schon bewiesen, wozu sie fähig sind. Sie haben die Stadt eingenommen, geplündert, in Brand gesetzt und die Bewohner **versklavt**. Und wie sie erst Jagd auf Menschen machen! Einer fasst den anderen an der Hand, und so bilden sie eine lange Kette, mit der sie die ganze Landschaft durchstreifen. Pheidippides schaudert bei der Vorstellung, dass Athen das gleiche Schicksal droht. Doch wenn Sparta, der größte Gegner Athens in Griechenland, sie ausnahmsweise unterstützen würde, dann gäbe es noch Hoffnung. Schließlich sind die Spartaner gefürchtete und äußerst gut

Wissen spezial

Kriegsgefangene werden versklavt!
Unfreie, die in völliger Abhängigkeit von ihrem Herrn leben, nennt man Sklaven. Allgemein sind sie kostenlose Arbeitskräfte auf Landgütern und im Bergbau oder als Ruderer auf Kriegsschiffen oder sie helfen im Haushalt. Sklaven sind oft ausländische Kriegsgefangene.

Persische Reiter kämpfen gegen griechische Krieger.

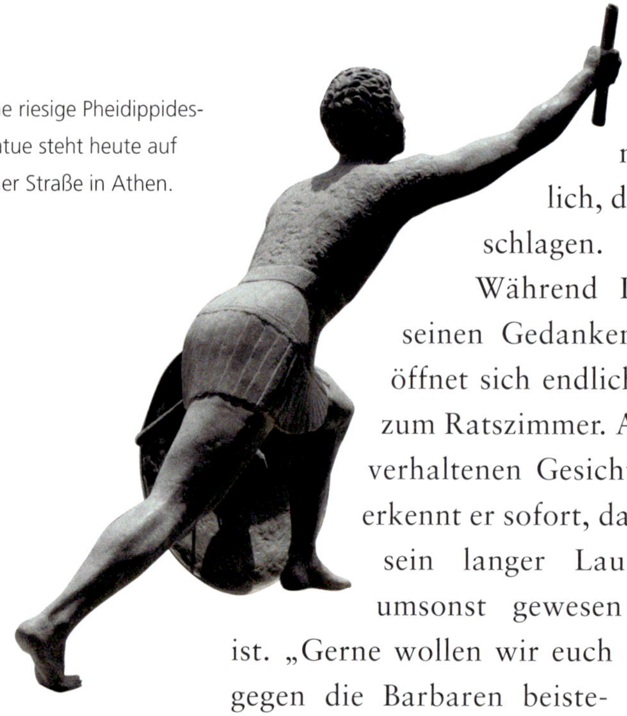

Eine riesige Pheidippides-Statue steht heute auf einer Straße in Athen.

trainierte Krieger. Mit ihnen zusammen wäre es möglich, die **Barbaren** in die Flucht zu schlagen.

Während Pheidippides noch seinen Gedanken nachhängt, öffnet sich endlich die Tür zum Ratszimmer. An den verhaltenen Gesichtern erkennt er sofort, dass sein langer Lauf umsonst gewesen ist. „Gerne wollen wir euch gegen die Barbaren beistehen“, sagt der Älteste der Ratsherren zu Pheidippides, „aber nicht sofort. Das würde gegen unsere heiligen Bräuche verstoßen. Heute ist der neunte Tag im Monat, und wir dürfen am Neunten nicht in den Krieg ziehen, sondern erst, wenn der Mond sich wieder in voller Größe zeigt.“ Ist das wirklich der wahre Grund? Vielleicht, so denkt Pheidippides, wollen sie uns überhaupt nicht helfen. Wenn Athen, die größte und stärkste **Polis** neben Sparta, fällt, sind die Spartaner einen lästigen Rivalen in Griechenland los. Laut aber sagt er: „Das wird zu spät sein. Nun ist alles verloren. Ich eile sofort nach Athen zurück, um die Unglücksbotschaft zu überbringen.“

Nachdem sein Bruder Hipparch erdolcht wurde, verbannt der mächtige Hippias politische Gegner oder lässt sie ermorden.

Wissen spezial

Was sind Barbaren?

Für die Griechen sind alle Nichtgriechen Barbaren. Barbarisch sind die für griechische Ohren unverständlichen Laute in fremden Sprachen. Die Perser galten den Griechen als Inbegriff der Barbaren.

Diese Herme (ein Pfeiler mit aufgesetztem Kopf) zeigt Miltiades.

Hat Hippias die Athener verraten?

Die Nachricht, die Pheidippides den Athenern aus Sparta mitbringt, trifft die Menschen ziemlich schwer. Ihre Hoffnungen ruhen nun ganz auf Miltiades, dem sie das gesamte Kommando übertragen haben. Er stammt aus einer sehr alten, vornehmen Familie und kennt sich mit den Persern gut aus. Als die Griechen in Kleinasien ein paar Jahre zuvor den Versuch unternommen haben, die persische Herrschaft abzuschütteln, ist Miltiades an vorderster Front mit dabei gewesen. Deshalb hat er jetzt die Aufgabe bekommen, die Athener auf das bevorstehende Gefecht mit den Persern vorzubereiten.

Miltiades glaubt zu wissen, warum sein Gegner Datis, der Anführer der Perser, mit seinem Heer ausgerechnet in der Ebene von Marathon an Land gegangen ist – über 42 Kilometer von Athen entfernt. Vermutlich hat Datis einen Tipp von dem Griechen Hippias bekommen. Hippias haben die Athener deshalb im Verdacht, weil er in Athen

Wissen spezial

Was ist eine Polis?

Die griechische Polis war ein Stadtstaat mit einer Stadt als Mittelpunkt und einem landwirtschaftlich genutzten Umland. Jede Polis hat ihre eigene Regierung, ihre eigene Außenpolitik, ihr eigenes Heer, ihre eigenen Handelsbeziehungen und Kolonien.

Diesen Zeustempel baute Hippias zusammen mit seinem Vater, dem Tyrannen Peisistratos.

Wissen spezial

Was sind Tyrannen?
Als Folge von politischen und sozialen Umwälzungen griffen im antiken Griechenland immer wieder einzelne Adlige nach der alleinigen Herrschaft. Viele regierten – anders, als es der Name Tyrann vermuten lässt – maßvoll und vorausschauend.

einst als **Tyrann** geherrscht hat und, nachdem die Athener ihn gestürzt haben, zu den Persern übergelaufen ist. In den Diensten des Perserkönigs Dareios versucht Hippias jetzt Rache an seinen Landsleuten zu nehmen. Als Berater des persischen Anführers Datis setzt er sich groß in Szene. „In Marathon", so erklärt Hippias den Persern, „gibt es eine große Ebene, wie geschaffen für eure beste Waffe, die Reiterei. Da haben die Athener mit ihren schwerfälligen Fußsoldaten keine Chance." Doch scheint sich Hippias seiner Sache nicht ganz sicher zu sein. Denn nach Athen sickert ein äußerst merkwürdiges Gerücht durch: Bei dem alten Hippias seien fast alle Zähne locker, erzählt man sich. Nach der Landung in Marathon habe er bei einem Hustenanfall einen Zahn verloren und trotz verzweifelter Suche habe er ihn nicht wiedergefunden. Da soll er zu seinen persischen Freunden gesagt haben: „Dieses Land gehört uns nicht, wir werden es auch nicht unterwerfen können. Was mir davon zugedacht war, gehört nun dem Zahn." Hat er das Zeichen richtig gedeutet?

Für die Griechen waren schöne und kräftige Menschen das Ideal.

Wer gewinnt die Schlacht bei Marathon?

Miltiades interessiert der Zahn des alten Hippias wenig. Vielmehr überlegt er, wie er die Perser besiegen kann. Wenn die überlegenen Perser überhaupt besiegt werden können, dann mit einem Überraschungsschlag. Auf keinen Fall dürfen sich die Griechen auf eine Auseinandersetzung mit den berittenen Bogenschützen der Perser einlassen. So kommt es, dass die sieggewohnten Perser am 12. August 490 v. Chr. in der Ebene von Marathon ihr blaues Wunder erleben. Denn als sie sich gerade formieren wollen, um einen gezielten Angriff zu starten, sehen sie die gesamte Streitmacht der Athener auf sich zurennen. Plötzlich ist jeder einzelne Perser in einen Nahkampf mit einem Athener verwickelt und darauf sind sie ganz und gar nicht vorbereitet. In die Enge gedrängt und völlig überrumpelt, suchen sie ihr Heil in der Flucht und eilen zurück auf die Schiffe. 6400 Perser überleben den Kampf nicht, die Athener hingegen haben nur 192 Opfer zu beklagen.

In der Schlacht bei Marathon besiegen die Athener unter Miltiades die Perser.

Datis weiß, dass sein König im fernen Persien auf eine Erfolgsmeldung wartet. Mit einer Schlappe, wie er sie gerade in Marathon erlebt hat, darf man dem König Dareios jetzt nicht kommen. Da hat Datis die rettende Idee: Wenn die Kämpfer der Athener gerade bei Marathon sind, dann muss es ein Leichtes sein, die Stadt Athen selbst zu erobern. Dort sind ja nur noch Frauen, Kinder und alte Männer. Und mit den Schiffen sind sie schneller dort als die athenischen

Persischer Bronzehelm, der in der Schlacht bei Marathon erbeutet wurde.

Geschichte und Gegenwart: Moderne Marathonläufer in Athen

Soldaten, die einen langen Fußmarsch vor sich haben. Doch wieder wartet auf die Perser eine böse Überraschung. Im Laufschritt sind die Marathon-Kämpfer in die Stadt zurückgeeilt, wo sie im Hafen bereits auf die völlig frustrierten Perser warten. Nun hat Datis genug, er gibt das Signal zum endgültigen Rückzug.

Ist Athen wirklich gerettet?

In Athen wird gejubelt und gefeiert. Ganz allein, ohne jede Hilfe von außen, hat man die eindringenden Barbaren gestoppt. In Persien dagegen wird getrauert. Marathon ist ein empfindlicher Schlag für das Selbstbewusstsein der persischen Großmacht, deren Herrschaftsbereich sich von der

Thema **Die Legende vom Marathonlauf**

Späteren Quellen zufolge soll nach der Schlacht von Marathon ein Bote nach Athen gelaufen sein, wo er auf dem Marktplatz die Nachricht vom Sieg verkündete und daraufhin tot zusammenbrach. Diese Geschichte ist eine Erfindung, die den Lauf des Pheidippides und den Lauf der Athener von Marathon zum Hafen von Athen zu einem dramatischen Ereignis aufbauscht. Nicht nur einer – alle Soldaten von Athen liefen diese Strecke damals. Als sportliche Disziplin gibt es den Marathonlauf seit den ersten Olympischen Spielen der Neuzeit 1896 in Athen.

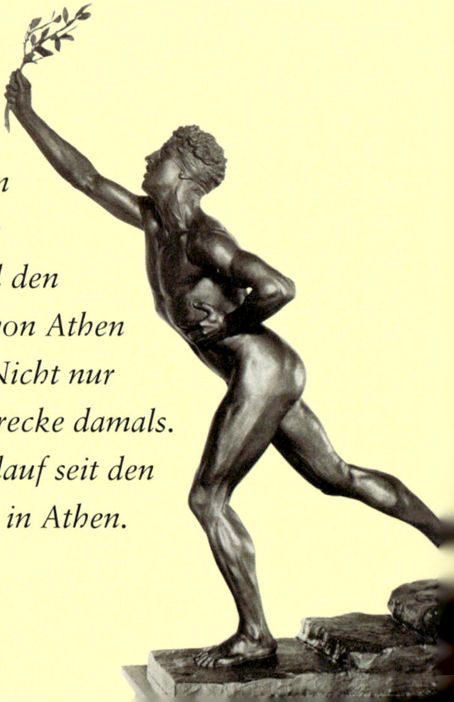

Bei Salamis wurde die persische Flotte besiegt.

Ostküste des Mittelmeers bis nach Indien erstreckt. Da darf man sich nicht von einer kleinen Stadt in Griechenland vorführen lassen. Zehn Jahre nach der Schlacht bei Marathon greifen die Perser wieder an, und dieses Mal leitet König Xerxes, der Sohn des verstorbenen Dareios, das Unternehmen. Mit einem riesigen Heer von 150.000 Mann und einer Flotte von 1000 Schiffen dringt er von Norden her nach Griechenland ein. Jetzt ist Athen aber nicht allein, Sparta und viele andere Städte beteiligen sich an der Abwehr des Angriffs. Zwar nehmen die Perser in diesem Krieg Athen ein und zerstören die Akropolis. Doch letztlich scheitert auch dieser Versuch, in Griechenland Fuß zu fassen. Bei Salamis vor der Küste Attikas erlebt die persische Flotte 480 v. Chr. eine schwere Schlappe. Und als ein Jahr später die Truppen des Großkönigs auch bei dem Ort Plataiai eine Niederlage erleiden, sind die persischen Träume von einer Herrschaft in Europa endgültig geplatzt.

Xerxes führt sein Heer an.

Goldene Zeiten für Athen

Die Ära des Perikles

443 v. Chr., Agora von Athen

„Schimpf und Schande hast du, Perikles, über uns gebracht. Du hast in unserem Namen die Bundesgelder, das gemeinsame Gut aller Griechen, aus Delos hierher nach Athen geholt. Und wie lautet deine Entschuldigung gegenüber den anderen Bundesgenossen? Dass du den Schatz aus Angst vor den Barbaren dort weggeholt und in Sicherheit gebracht hast? Dieses Argument hast du selbst entkräftet. Denn was hast du mit dem Geld gemacht? Du lässt mit den Einzahlungen der Bundesgenossen für den Krieg gegen Persien unsere Stadt Athen vergolden und herausputzen. Du schmückst sie mit Bildern und Tempeln aus kostbaren Steinen, die mindestens 1000 Talente wert sind. So schön unsere Stadt Athen nun ist, die Entwendung der Bundeskasse kann ich nicht befürworten."

Ein Gegner des Perikles in der Volksversammlung

Der erfahrene Perikles lässt sich durch den Wortschwall seines Gegners nicht aus der Ruhe bringen. Schließlich ist er seit 20 Jahren in der Politik von Athen tätig. Aber er weiß, dass das gespannt lauschende Volk nun eine glaubwürdige Antwort von ihm, dem mächtigsten Politiker, erwartet. Hier, in der Volksversammlung auf der Pnyx, einer Felsplatte am Rande eines Berges oberhalb von Athen, muss Perikles eine gute Figur machen. Denn Athen ist eine **Demokratie**, und anders als in einer Alleinherrschaft oder einer Adelsherrschaft müssen die Regierenden dem versammelten Volk Rede und Antwort stehen. Alle männlichen, freien Bürger über 18 Jahre dürfen in den Versammlungen abstimmen und wählen. Das sind etwa 30.000 Menschen, doch so viele kommen nie auf einmal, in der Regel sind es 6000 Leute, die sich zu Füßen der Akropolis versammeln, um aktuelle politische Themen zu besprechen.

Wissen spezial

Was ist Demokratie?
Dieses griechische Wort heißt Volksherrschaft. In Athen konnte sich jeder (Mann) in der Volksversammlung zu Wort melden, und im Rat der 400 oder später der 500 wechselte der Vorsitz jeden Tag, sodass sehr viele Bürger die Chance bekamen, Politiker zu sein.

Mit Tonscherben wurde im Scherbengericht über die Verbannung von Bürgern entschieden.

Wer darf über die Bundeskasse bestimmen?

An diesem Tag geht es in der Volksversammlung um die Finanzen des Attischen Seebundes. Das ist ein Bündnis von über 200 griechischen Städten, die sich nach der Abwehr der Perser 479 v. Chr. unter der Führung Athens zusammengeschlossen haben. Das Ziel besteht darin, militärisch gewappnet zu sein für den Fall, dass die Perser noch einmal angreifen. Die Bundesgenossen zahlen zu diesem Zweck regelmäßig eine bestimmte Geldsumme in die gemeinsame Bundeskasse. Die gut gefüllte Kasse wird

Wasseruhr zur Begrenzung der Redezeit vor Gericht.

Perikles entstammte dem ältesten athenischen Adel.

auf der Ägäisinsel Delos deponiert, damit keiner der Bundesgenossen das Geld für andere Zwecke missbraucht. Als die befürchteten Angriffe der Perser ausbleiben, überführen die Athener unter Perikles die Kasse im Jahr 454 v. Chr. nach Athen. Die anderen Bundesgenossen sind empört, als Perikles nun in die Bundeskasse greift, um die schöne Stadt Athen durch prächtige Bauwerke noch prachtvoller zu machen. Das ruft allerdings auch seine innenpolitischen Gegner auf den Plan, die die Bühne der Volksversammlung nutzen.

Perikles lässt seinen Gegner auf der Agora ausreden und ergreift dann selbst das Wort: „Die Bundesgenossen stellen uns kein einziges Pferd, kein Schiff und keinen Soldaten zur Verfügung. Sie geben uns nichts als ihr Geld. Das Geld gehört aber nicht denen, die es zahlen, sondern denen, die es bekommen, sofern sie für den erhaltenen Betrag die vereinbarte Gegenleistung erbringen. Da nun unsere Stadt mit **Waffen und Kriegsgerät** hinreichend versehen ist, können wir den Überfluss auf Werke lenken, die uns nach ihrer Vollendung ewigen Ruhm versprechen und während ihrer Entstehung allgemeinen Wohlstand bringen. So wird es Arbeit in Fülle geben, die unterschiedlichsten Bedürfnisse werden jedes Handwerk beleben, jeder Hand Beschäftigung bringen. Fast die ganze Stadt wird ihren Verdienst finden, indem sie sich durch eigene Leistung schmückt und zugleich ernährt."

Der heftige Beifall der Versammlung zeigt Perikles, dass er mit seinem Kurs richtig liegt. Seine

Wissen spezial

Waffen und Kriegsgerät der Griechen

Jede Polis hatte Kriegsschiffe und Fußsoldaten, die sich in gestaffelter Schlachtreihe aufstellten. Sie kämpften mit Schwertern und Dolchen und hatten jeder einen riesigen Schild. Diese Phalanx galt jahrhundertelang als unbesiegbar. Außerdem gab es Spezialtruppen mit Speerwerfern und Bogenschützen.

Phidias beaufsichtigt den Bau der Akropolis.

Gegner sind wütend, aber sie schweigen. Denn dem geschickten Hinweis auf die vielen neuen Arbeitsplätze haben sie nichts zu entgegnen.

Athen blüht auf

So wird in Athen fleißig weitergebaut, der Boom bringt vielen Menschen Arbeit. Das besondere Augenmerk des Perikles gilt der Akropolis. Für die Arbeiten auf dem Athener Stadtberg engagiert er den besten Mann, den er bekommen kann. Der Architekt und Bildhauer Phidias, der zuvor in Olympia den Ausbau des Zeustempels geleitet hat, übernimmt die Oberaufsicht. Unter seiner Leitung entstehen die prächtigen Tempel und öffentlichen Bauten, die Touristen aus aller Welt noch heute bestaunen. Weniger begeistert sind damals allerdings die Griechen aus den verbündeten Städten, die weiter zur Kasse gebeten werden. Wer sich darüber beschwert, wird von Perikles und seinen politischen Freun-

Das Parthenon stellte eindrucksvoll den Führungsanspruch Athens dar.

Auch heute noch werden antike Tragödien aufgeführt, hier: „Die Perser“ von Aischylos, 2003 in Brandenburg.

den diskret ermahnt, sich doch besser nicht mit der führenden Macht in Griechenland anzulegen.

Unangefochten hat Perikles jetzt alle Fäden in Athen in der Hand. 15-mal hintereinander wählen ihn die Bürger jedes Jahr neu in das Amt des Strategen, des obersten Befehlshabers. Bisher wurden Strategen immer nur ein- oder zweimal wiedergewählt. So schreibt denn auch ein Zeitgenosse, dass Athen unter Perikles nur dem Namen nach eine Demokratie, in Wirklichkeit aber die

Die Akropolis in Athen

Thema | **Akropolis – die Oberstadt für die Götter**

Spricht man von „der“ Akropolis, meint man normalerweise die Akropolis von Athen. Doch hatte jede griechische Stadt eine solche „Oberstadt“ (so die wörtliche Übersetzung) mit Tempeln. Auf der Akropolis in Athen beherrscht der riesige Tempel für die Stadtgöttin Athene die Anlage. Er ist ganz aus Marmor und der plastische Bildschmuck im Giebelfeld stammt von Phidias. Gegenüber wird 10 Jahre nach Perikles' Tod das Erechtheion begonnen, ein mehrteiliges Tempelgebäude, von dem heute der Anbau berühmt ist, weil sein Dach nicht von Säulen, sondern von Frauenfiguren getragen wird. Unterhalb der Akropolis befindet sich die Agora.

Herrschaft des ersten Mannes sei. Es mehren sich Stimmen, die davon sprechen, dass ihm der Ruhm zu Kopf gestiegen sei. In den Theatern der Stadt werden **Komödien** aufgeführt, in denen der „Zwiebelkopf“ Perikles zur Zielscheibe des Spotts wird. Perikles reagiert dünnhäutig und verbietet per Gesetz, sich in Theaterstücken über Politiker lustig zu machen. Brenzlig wird die Lage, als sich nun auch außenpolitisch dunkle Wolken über Athen zusammenbrauen.

Wissen spezial

Komödien und Tragödien

Theatervorstellungen waren in der klassischen Zeit äußerst beliebt. Fast jede Stadt hatte ein Theater. In den Komödien, deutsch: Lustspiele, gibt es immer etwas zu lachen und in den Tragödien, den Trauerspielen, leiden die Zuschauer mit den sterbenden Helden. Zu den bekanntesten Tragödiendichtern zählt Euripides.

Spannungen zwischen Sparta und Athen

Die Unzufriedenheit der geprellten Bundesgenossen wird immer größer. Athen reagiert hart und brutal, wenn eine Stadt es wagt, aus dem Bündnis auszuscheren. Schlimmstenfalls wird sie angegriffen und ihre Bewohner werden gefangen genommen und versklavt. Noch bedrohlicher ist der sich anbahnende Konflikt mit Sparta. Die Stadt auf der Halbinsel Peloponnes gehört nicht zum Attischen Seebund. Sie verfügt in dem

Alltag in der modernen griechischen Hauptstadt Athen

Ausgrabungen zeigen, dass Sparta aus einzelnen Siedlungen auf verschiedenen Hügeln bestand.

Wissen spezial

Peloponnesischer Bund

Diesem ständigen Bündnis gehörten fast alle Städte auf der Peloponnes an. Es war die Machtgrundlage von Sparta, dem großen Rivalen Athens. Die Mitglieder verpflichteten sich, im Falle eines Krieges gemeinsam Politik zu machen und zusammenzuhalten.

Peloponnesischen Bund über ein eigenes Machtinstrument. Misstrauisch beobachten die Spartaner, wie Athen unter Perikles immer bedeutender und mächtiger wird. Die ganze Ägäis wird von der athenischen Flotte kontrolliert. Partnern der Spartaner, wie der reichen Handelsstadt Korinth, ist die wirtschaftliche Überlegenheit Athens ein Dorn im Auge.

So wird das politische Klima in Griechenland immer frostiger, beide Seiten erheben heftige Anschuldigungen, Vermittlungsversuche führen zu keinem Ergebnis. Am Ende stehen die Zeichen ganz auf Krieg. Die spartanische Armee fällt 431 v. Chr. in Attika ein und bedroht damit Athen. Die Athener verschanzen sich auf Anordnung des Perikles in der durch starke Mauern gut geschützten Stadt. Da bricht in Athen eine schlimme Seuche aus, der viele Menschen zum Opfer fallen. Auch Perikles, die große Leitfigur der athenischen Politik, wird von der tückischen Krankheit befallen und stirbt. Der Krieg aber geht weiter.

Nicht nur Perikles, auch sein Sohn starb an der Pest.

Nach und nach werden fast alle griechischen Städte in die Auseinandersetzung hineingezogen. Gekämpft wird längst nicht mehr nur im Mutterland, sondern auch auf Sizilien und in Kleinasien.

Frieden und Niedergang der beiden Rivalen

404 v. Chr. kommt es endlich zu einem Friedensschluss. Sparta ist aus dem Krieg als Sieger hervorgegangen, allerdings nur, weil die Perser es kräftig mit Geld und Waffen unterstützt haben. Denn dem persischen König ist es lieber, wenn die Seemacht Athen verliert. Für Athen bedeutet die Niederlage im Peloponnesischen Krieg das Ende seiner Glanzzeit. Aber auch Sparta kann sich nicht lange über den Erfolg freuen. 27 Jahre Krieg haben ihre Spuren hinterlassen. Nicht viel später übernimmt Alexander, der König von Makedonien, die Herrschaft über Athen und Sparta.

In zweijähriger Bauzeit wurde dieses athenische Kriegsschiffes (Triere) in Griechenland nachgebaut.

Alexander der Große

Die Eroberungskriege des Makedonenkönigs

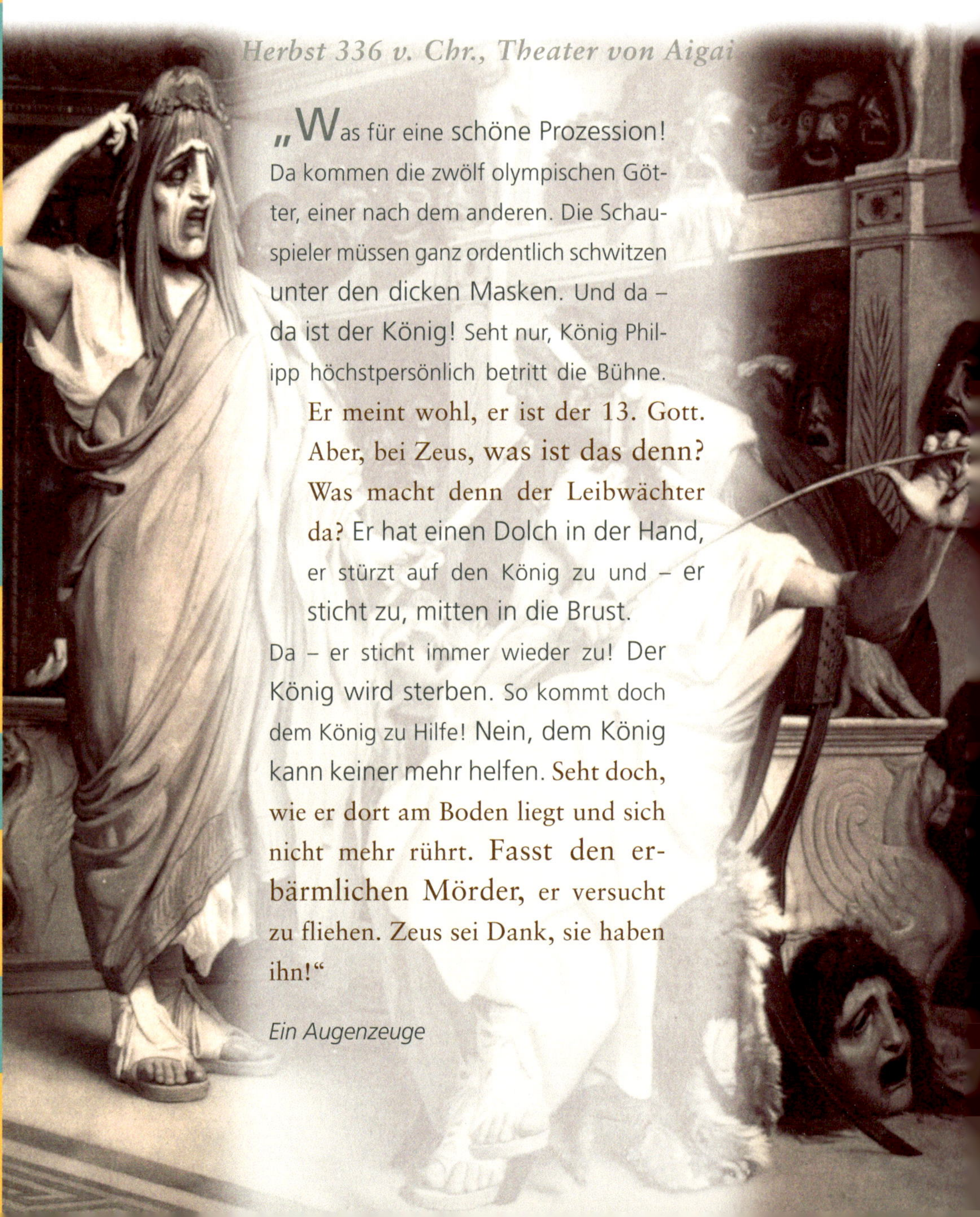

Herbst 336 v. Chr., Theater von Aigai

„Was für eine schöne Prozession! Da kommen die zwölf olympischen Götter, einer nach dem anderen. Die Schauspieler müssen ganz ordentlich schwitzen unter den dicken Masken. Und da – da ist der König! Seht nur, König Philipp höchstpersönlich betritt die Bühne. Er meint wohl, er ist der 13. Gott. Aber, bei Zeus, was ist das denn? Was macht denn der Leibwächter da? Er hat einen Dolch in der Hand, er stürzt auf den König zu und – er sticht zu, mitten in die Brust. Da – er sticht immer wieder zu! Der König wird sterben. So kommt doch dem König zu Hilfe! Nein, dem König kann keiner mehr helfen. Seht doch, wie er dort am Boden liegt und sich nicht mehr rührt. Fasst den erbärmlichen Mörder, er versucht zu fliehen. Zeus sei Dank, sie haben ihn!“

Ein Augenzeuge

Die Zuschauer im schmucken Theater von Aigai in Makedonien sind schockiert. Direkt vor ihren Augen wird König Philipp II. ermordet, der gerade im Begriff war, die Bühne zu betreten, um sich in die Prozession der Götter einzureihen. Der Mord geschieht an einem Tag, der eigentlich zum Feiern gedacht ist. Die Aufführung im Theater ist Teil eines Festes, das der König aus Anlass der Hochzeit seiner Tochter veranstaltet. Der Mörder ist schnell ausgemacht. Er heißt Pausanias und gehört zur königlichen Leibwache. Wie der Wind verbreiten sich die Gerüchte. Ist er alleine für die Tat verantwortlich? Oder verbergen sich seine Auftraggeber im Hintergrund? Feinde hat der König genug, sogar in der eigenen Familie. In Verdacht gerät die Ehefrau, Königin Olympias, denn im Jahr zuvor hat Philipp ein weiteres Mal geheiratet, ohne die Ehe mit Olympias zu lösen. Die Vielehe ist bei den makedonischen Königen nichts Ungewöhnliches, doch Olympias fühlt sich seither zurückgesetzt.

Auch der 20-jährige Königssohn **Alexander** steht unter Verdacht. Aber das sind alles nur Vermutungen, und so wird Alexander gleich nach dem Tod Philipps zum neuen König von Makedonien ausgerufen.

Porträt Philipps II. von Makedonien auf einem antiken Goldmedaillon

Wissen spezial

Alexander „der Große“

Den Beinamen „der Große“ erhielt Alexander noch nicht zu Lebzeiten. Vielmehr waren es erst die Römer, die ihn Magnus (lateinisch für „groß“) nannten. Für viele römische Feldherren und Kaiser war der makedonische König als Eroberer ein leuchtendes Vorbild.

Alexander erhält eine hervorragende Ausbildung. Diese Buchmalerei zeigt, wie Aristoteles Alexander und andere Schüler unterrichtet.

Griechenland ist ein Königreich

Philipp war der unangefochtene Herrscher ganz Griechenlands. 338 v. Chr. besiegte er in einer großen Schlacht die vereinten Heere der griechischen Städte. In den Wettstreit zwischen Athen und Sparta drängte sich Makedonien als dritte Macht. Mit der Vorherrschaft der Makedonen, den von den Griechen zuvor häufig belächelten nördlichen Nachbarn, beginnt ein neues Zeitalter der griechischen Geschichte. Schon König Philipp wusste, dass er gegenüber den Griechen seine Macht beweisen muss. Kurz vor seinem Tod verkündigte er einen großartigen Plan: einen Kriegszug nach Osten, um die Griechenstädte an der Westküste Kleinasiens von der Herrschaft der Perser zu befreien.

Reste der königlichen Residenz in Pella

Alexander durchquert an der Spitze seines Heeres den Strom Granikos.

Nach Philipps Tod beschließt Alexander, diesen Plan seines Vaters in die Tat umzusetzen. Im Frühjahr 334 v. Chr. startet er in der makedonischen Hauptstadt Pella mit einer Armee von 35.000 Mann. Der nun 22-jährige König ist entschlossen, Ruhmestaten zu vollbringen, die die Menschheit so schnell nicht vergessen wird. Das Vorhaben seines Vaters löst Alexander innerhalb von wenigen Monaten ein. Ein persisches Heer, das ihn nach dem Übergang über die Dardanellen im Gefühl des sicheren Sieges erwartet, unterwerfen Alexanders Soldaten mit Leichtigkeit. Schon Ende 334 v. Chr. sind die persischen Besatzungen aus Milet, Didyma und den anderen griechischen Städten vertrieben.

Wissen spezial

Der Gordische Knoten

In Gordion gab es einen Orakelspruch: Wer den Knoten am Streitwagen eines alten Königs löst, wird Herrscher von Asien. Vor Alexander hatte keiner dieses Kunststück vollbracht. Die meisten hatten vergeblich versucht, den Knoten aufzumachen. Alexander ließ sich gar nicht erst auf dieses Geduldsspiel ein. Er zerschlug den Knoten einfach mit dem Schwert.

Wie viele Reiche wird Alexander erobern?

Jetzt könnte Alexander eigentlich umkehren, denn sein Auftrag ist erfüllt. Doch das Gegenteil geschieht. Den nächsten Winter verbringt er mit seiner Armee in dem Ort Gordion, in der Nähe der heutigen türkischen Hauptstadt Ankara. Hier durchschlägt er den **Gordischen Knoten**. Im fernen Susa wird der persische König Dareios III. angesichts dieser Nachrichten aus dem Westen allmählich nervös. Bei Issos an der Grenze zu Syrien stellt er sich im Herbst 333 v. Chr. nun selbst dem Vormarsch Alexanders entgegen. Doch auch er hat der überlegenen Feldherrnkunst des makedonischen Königs nichts entgegenzusetzen. Sicherlich liegt das auch daran, dass seine Soldaten nicht so gehorsam sind.

Palmyra (Syrien) lag am Karawanenweg zwischen dem mittleren Euphrat und Damaskus und kam als Handelsplatz zu großem Reichtum.

Alexander der Große reitet seinem Heer voran (Filmszene).

Alexander verzichtet darauf, dem fliehenden Dareios zu folgen, und zieht stattdessen Richtung Süden weiter. Sein Ziel ist Ägypten, das zu dieser Zeit ebenfalls Teil des persischen Reiches ist. Auf dem Weg dorthin überbringt ihm ein Bote ein Friedensangebot von Dareios. Der König erklärt sich bereit, Alexander alle Gebiete westlich des Euphrats zu überlassen, wenn er auf weitere Kriegszüge verzichtet. „Soll ich annehmen?“, fragt Alexander seinen Freund Parmenion. „Wenn ich Alexander wäre, würde ich annehmen“, antwortet Parmenion. Da winkt Alexander ab und sagt: „Auch ich würde es annehmen, wenn ich Parmenion wäre. Da ich aber Alexander bin, lehne ich es ab.“

In den Ruinen von Memphis thront noch heute eine riesige Sphinx.

Ägypten, das Wunderland am Nil, fällt Alexander in die Hände, ohne dass sich seine Soldaten sonderlich anstrengen müssen. In Memphis, der alten Königsstadt, lässt er sich 331 v. Chr. zum Pharao krönen. Gleich danach gründet er an der Mittelmeerküste die Stadt Alexandria. Auch heute gehört die Millionenstadt zu den großen Städten in Ägypten. Nach einem Abstecher in die

Oase Siwah verlässt er Ägypten und zieht nun entschlossen in das Herz des Perserreiches. Noch einmal unternimmt Dareios den verzweifelten Versuch, den Eindringling aufzuhalten. Doch auch die entscheidende Schlacht bei Gaugamela am Tigris geht am 1. Oktober 331 v. Chr. für die Perser verloren. Dareios ergreift wieder die Flucht, wird aber später von einem Verwandten ermordet, der ihm die Herrschaft streitig machen will. Für Alexander ist nun der Weg frei, im Triumph zieht er durch die großen Residenzstädte Babylon, Ekbatana, Susa und Persepolis. Dort fallen Alexander die sagenhaften Schätze des Perserkönigs in die Hände. Im Überschwang des Sieges stecken die Soldaten den prächtigen Königspalast in Persepolis in Brand. Offiziell heißt es, dies sei die Rache dafür gewesen, dass König Xerxes 150 Jahre zuvor die Akropolis von Athen in Flammen aufgehen ließ.

Wissen spezial

Was wollte Alexander in der Oase Siwah?

Um nach Siwah zu gelangen, nahm Alexander einen Umweg von 800 Kilometern in Kauf. In der Oase befand sich ein Heiligtum des ägyptischen Gottes Ammon. Alexander fragte das Orakel, ob er der Sohn des Gottes sei, was ihm die Priester bestätigten. Er fühlte sich dadurch auf dem richtigen Weg.

Alexander zieht mit seinem Heer nach Indien, wo er auf seine makedonischen Fußtruppen trifft.

Sidi Ahmed, langjähriger Wächter und Fremdenführer in der Grabkammer von Alexander in Luxor, zeigt auf den Granitschrein des Herrschers.

Größer als der Großkönig von Persien?

Obwohl Alexander nun ganz offiziell die Nachfolge der Perserkönige antritt und sich wie Dareios als Gottkönig verehren lässt, ist er immer noch nicht am Ziel seiner Träume. Er scheucht seine müden Soldaten durch das heutige Afghanistan und erreicht schließlich nach einem mühevollen Weg über das Hindukusch-Gebirge 327 v. Chr. das westliche Indien. Auch hier eilt er bis 325 v. Chr. im Kampf gegen die einheimischen Fürsten von Sieg zu Sieg. Am Indus wollen die von einem 40-tägigen Monsunregen geplagten Soldaten schließlich umkehren. Obwohl Alexander noch weiter nach Osten will, gibt er nach und wählt zur Strafe den beschwerlichen Rückweg durch die Wüste von Gedrosien.

324 v. Chr. erreicht die erschöpfte Karawane die Residenzstadt Susa. Alexander schwebt ein

Alexander wurde in Indien zunächst mit Geschenken empfangen.

großes, einheitliches Reich vor, in dem Griechen und Perser in Frieden miteinander leben und die beiden Völker sogar miteinander verschmelzen. Er selbst geht mit gutem Beispiel voran und heiratet Stateira, die Tochter von Dareios III. Doch er kommt nicht mehr dazu, seine Vorstellungen in die Tat umzusetzen. Am 13. Juni 323 v. Chr. stirbt Alexander der Große im Alter von nur 32 Jahren in Babylon an einer schweren Krankheit. Auch wenn das Alexanderreich zerfällt, bleibt in den nachfolgenden griechisch geführten vier Teilreichen der Einfluss der griechischen Kultur aber noch lange erhalten. Denn die gebildeten Bürger kennen und respektieren beide Sprachen und Kulturen, die persische und die griechische.

Alexander heiratet Stateira.

Thema **Alexander fährt ans Ende der Welt**

Nach den geografischen Vorstellungen der Zeit war die Welt eine Scheibe, die vom Weltmeer, umflossen wurde. Um das Ende der bewohnten Welt zu erreichen, fuhr Alexander in Indien in Begleitung einiger Schiffe an der Mündung des Indus auf das Meer hinaus. Erst tauchten noch einige Inseln auf, dann war nur noch das weite Meer zu sehen. So glaubte er, das Ende der Welt erreicht zu haben, und brachte dem Meeresgott Poseidon ein Opfer dar.

Rom gegen Karthago

Kampf um die Vormacht im Mittelmeer

Herbst 218 v. Chr. in den Westalpen

„Was wollen denn die vielen Leute hier im Tal? Eine nimmer endende Schlange. Und was sind das für riesige Tiere? Sie sehen aus wie Kühe, die vorn und hinten einen Schwanz haben."

„Die Männer sind bewaffnet, manche haben auch Lanzen dabei – bestimmt römische Soldaten."

„Was ist das denn? Ich dachte erst, sie wären bei Regen durch den Matsch gekommen – aber nein, bei einigen ist die Haut wirklich dunkelbraun wie Erde. Wie anders diese Menschen aussehen: ganz dunkle Haut, tiefbraune Augen und Haare wie Draht."

„Ich habe gehört, sie kommen aus Afrika. Die ganze Truppe soll ihrem Anführer Hannibal von Spanien hierher und dann nach Italien folgen."

„Warum tun sie das? Bei dieser Kälte mit bloßen Knien und nackten Armen und Sandalen in die Alpen ziehen, die sind doch wahnsinnig!"

Zwei Bergbauern im Gespräch

Wie kommt Hannibal dazu, eine solch anstrengende Expedition zu starten? Als die Römer im Frühjahr 218 v. Chr. mit ihren Kriegsschiffen Kurs auf karthagische Gebiete an der spanischen Mittelmeerküste nehmen, befürchtet Hannibal, der Anführer der Karthager, dass die Römer viel stärker sind und mehr Soldaten haben. Gemeinsam mit seinem Bruder Hasdrubal heckt er deshalb einen Plan aus: Hasdrubal bleibt mit einem Teil des Heeres in Spanien, während Hannibal mit 45.000 Soldaten und 37 Kriegselefanten nach Norden zieht, an der Küste Spaniens und Südfrankreichs entlang bis zur Mündung der Rhône, dann der Rhône folgend in Richtung Alpen. Sein Ziel: Er will von Norden her über die Alpen in Italien einfallen. Denn von dort erwarten die Römer keine Gefahren.

Porträtbüste Hannibals

Aber die Überquerung der Alpen ist viel beschwerlicher als erwartet. Es ist bereits Herbst, als der Aufstieg ins Hochgebirge beginnt. Noch nie ist ein so großes Heer über die Alpen gezogen. Kompass und brauchbare Landkarten gibt es noch nicht. Die Wege sind schmal und holprig, die Soldaten aus Afrika und Spanien werden von Sturm und Schnee überrascht. Nach 11 Tagen sind sie völlig am Ende. Die **Kriegselefanten** sind für die Fußsoldaten Schutz und Waffe zugleich. Sie tragen Gepäck oder kranke Soldaten und zertrampeln mit ihrer imposanten Größe so manchen Gegner. Aber viele Kameraden und Elefanten sind jämmerlich erfroren. Das alles hat die Soldaten so

Wissen *spezial*

Kriegselefanten als Waffe

Seit dem 4. Jahrhundert v. Chr. setzten antike Feldherren in Schlachten gerne Elefanten ein. Alexander der Große stieß in Indien erstmals auf Kriegselefanten. Seinen Nachfolgern waren sie bei ihren zahllosen Kriegen unentbehrlich.

Die sogenannte Hannibal-Brücke in den spanischen Pyrenäen

Unter großen Anstrengungen zieht das karthagische Heer über die Alpen (Filmszene).

zermürbt, dass Hannibal ihnen mit einer Rede Mut machen will. Dazu steigt er auf einen Felsvorsprung und sagt: „Unser Ziel ist nicht mehr weit, Italien liegt uns zu Füßen. In der Ebene wird man uns freudig begrüßen, denn dort leben Kelten, die zu uns halten werden, weil sie die Römer auch nicht mögen. – Und jetzt folgt mal meinem Zeigefinger: Dort hinten befindet sich die Stadt Rom, die vor dem Ruhm Karthagos und seiner tapferen Krieger erzittern wird!“ Die Worte des Feldherrn verfehlen ihre Wirkung nicht. Die Soldaten sind froh, dass der Abstieg nur noch drei Tage dauert. Sie erreichen Italien in der Nähe der heutigen Stadt Turin im Gebiet befreundeter keltischer Stämme. Allerdings sind 15.000 tote Kameraden zu beklagen – fast jeder hat einen Freund verloren und nur ein einziger Elefant hat Eis und Schnee überlebt. Die erschöpften Karthager können sich noch nicht vorstellen, dass Hannibals kühner Plan tatsächlich aufgeht.

Ein Brustpanzer aus dem 4./3. Jh. v. Chr.

Der Siegeszug des Hannibal

Hannibals Zug über die Alpen ist der Auftakt zum Zweiten Punischen Krieg, den die Römer mit ihrem Angriff auf die spanische Küste begonnen haben. Erst als sie mit ihren Kriegsschiffen dort landen, merken die Römer voller Entsetzen, dass Hannibal sie überlistet hat. Die meisten römischen Soldaten sind nun in Spanien, anstatt ihre Heimat Italien und die Hauptstadt Rom gegen Hannibals Heer zu verteidigen.

Was die Römer befürchteten, wird wahr: Die Karthager unter Hannibal gewinnen eine Schlacht nach der anderen. In den Schlachten am Fluss Trebia in Oberitalien und am Trasimenischen See in der Toskana haben die römischen Legionäre gegen die Karthager nicht den Hauch einer Chance. Denn sie haben zusätzlich zum Hauptheer bewegliche Truppen am Rand, die besonders in der Schlacht bei Cannae im Süden Italiens eine Rolle spielen. **Cannae** im August 216 v. Chr. wird eine der schlimmsten Niederlagen der römischen Geschichte.

Wissen spezial

Die Schlacht von Cannae

Bei Cannae besiegte Hannibal die zahlenmäßig weit überlegenen Römer durch die Taktik der Einkreisung von beiden Seiten. Den karthagischen Seitenkämpfern war die nach vorn gerichtete Phalanx der Römer nicht gewachsen. Die Römer verloren von ihren 80.000 Soldaten 65.500 Mann.

Anders als in Hannibals Rede angekündigt, greifen keltische Stämme, die in den Alpen leben, sein Heer an.

Wissen spezial

Was ist das Kapitol?
Das Kapitol (lateinisch „Capitolium") war einer der sieben Hügel Roms. Hier stand der Tempel der drei wichtigsten Götter Jupiter, Juno und Minerva. Für die Römer war das Kapitol der religiöse und politische Mittelpunkt der Stadt.

Acht Legionen unter der Führung beider Konsuln werden von Hannibals beweglich agierenden Truppen völlig aufgerieben.

In Rom macht sich eine düstere Endzeitstimmung breit. Sicher wird er sich jetzt die Hauptstadt selbst vornehmen, und was das bedeutet, wagt man sich gar nicht auszumalen. Aber Hannibal handelt anders, obwohl ihn auch seine Umgebung heftig bedrängt. „In vier Tagen", lockt sein Offizier Maharbal, „wirst du auf dem **Kapitol** als Sieger speisen." Das entspricht jedoch nicht den Plänen Hannibals. Es geht ihm nicht um die Zerstörung der Stadt, sondern darum, die Römer dauerhaft zu schwächen und ihnen das Fundament ihrer Macht zu entziehen. Und das sind nun einmal die römischen Bundesgenossen in Italien, mit denen der Senat Verträge geschlossen hat, die sie zur Zahlung von Steuern und zur aktiven Hilfe im Kriegsfall verpflichten. In den folgenden Monaten und Jahren versucht Hannibal alles, um die Bundesgenossen der Römer auf seine Seite zu ziehen – am Ende vergeblich, denn dieses von den Römern geknüpfte Netzwerk erweist sich als stabil. Hannibals Feldherr

Hannibal und sein Heer ziehen über die iberische Halbinsel, Südfrankreich und die Alpen nach Italien.

Mit strengem Blick schreitet der Offizier, der „Centurio", an den Legionären vorüber.

Maharbal hat dafür nur einen Kommentar: „Zu siegen verstehst du, Hannibal. Den Sieg zu nutzen, verstehst du nicht.“

Die Römer blasen zum Gegenangriff

Nun wittern die Römer ihre Chance und sammeln neue militärische Kräfte. Mit Publius Cornelius Scipio als Anführer finden sie einen Hannibal ebenbürtigen, klugen Taktiker. Trotzdem dauert es mehrere Jahre, bis Spanien unter römische Kontrolle kommt.

Heute nutzen Römer und Touristen den Platz auf dem Kapitol, um sich auszuruhen.

Thema **Karthago – Metropole der Händler**

Am Ende des 9. Jahrhunderts v. Chr. von phönizischen Siedlern im heutigen Tunesien gegründet, entwickelte sich Karthago rasch zu einer blühenden Hafenstadt, in der mit Gewürzen und Seide gehandelt wurde. Karthagische Seefahrer sind es auch gewesen, die im 5. Jahrhundert v. Chr. als Erste die Westküste Afrikas erforschten. Der Kapitän Hanno kam damals bis nach Sierra Leone und Kamerun. Wir wissen heute wenig über das alte Karthago und die Karthager, weil die Römer die Stadt im Dritten Punischen Krieg komplett zerstört haben.

Die aufständischen italienischen Bündner prägten eigene Münzen.

Während Hannibal von Cannae aus wieder nordwärts Richtung Rom zieht, erobern die Brüder Scipio allmählich die karthagischen Gebiete an der spanischen Mittelmeerküste. Dadurch verlieren die Karthager ihren wichtigsten Stützpunkt und den Ort, von dem aus sie ihre Soldaten in Italien versorgen. Als Nächstes nimmt Scipio die Stadt Karthago selbst ins Visier, die Hauptstadt der Karthager in Nordafrika, das eigentliche Kriegsziel der Römer.

Schon im Ersten Punischen Krieg ein paar Jahrzehnte vorher hatten die Römer Karthago, die vorherrschende Handelsmacht im westlichen Mittelmeer, schwächen wollen. Damals hatten sie Karthagos Kolonien auf der Westseite Siziliens erobert, konnten aber nicht über das Mittelmeer bis zur Hauptstadt Karthago vorstoßen. Dieses Mal gelingt es den Römern, den Krieg nach Afrika zu verlagern. Denn der erfolgreiche Hannibal ist noch in Italien, bis der

Hannibals Niederlage bei Zama markierte den Wendepunkt im Krieg zwischen Rom und Karthago.

Die Rüstung eines römischen Legionärs bestand aus einer Tunika, über der Schulterstücke und ein Brustpanzer getragen wurden. Den Kopf sicherte ein Helm mit Wangenschutz (Filmszene).

karthagische Senat ihn zurückruft, um die Heimat zu verteidigen. In der Schlacht bei Zama im Jahr 202 v. Chr. versucht Hannibal an seine legendären Erfolge anzuknüpfen, doch dieses Mal gewinnen die Römer und Scipio diktiert dem geschlagenen Rivalen harte Friedensbedingungen.

Porträt von Publius Cornelius Scipio

Der Zweite Punische Krieg ist ein historischer Wendepunkt. Mit der Ausschaltung Karthagos hat Rom einen entscheidenden Schritt auf dem Weg zur Weltherrschaft vollzogen. Übrig bleiben neben Rom noch die griechischen Könige an den östlichen Mittelmeerküsten. Hannibal, den gescheiterten Helden, setzen die Sieger auf die Fahndungsliste. Bis 183 v. Chr. ist er ständig auf der Flucht und verdingt sich zwischenzeitlich als Heerführer bei den griechischen Königen des Ostens, die ebenfalls Gegner der Römer sind. Dann spüren ihn die Römer am Schwarzen Meer auf. Bevor er zum Giftbecher greift, verabschiedet sich der 64-Jährige von seinen Freunden mit den Worten: „Wir wollen das römische Volk von einer langen Sorge befreien, da sie glauben, es dauere zu lange, auf den Tod eines alten Mannes zu warten.“

Kampf der Könige

Die griechische Welt wird römisch

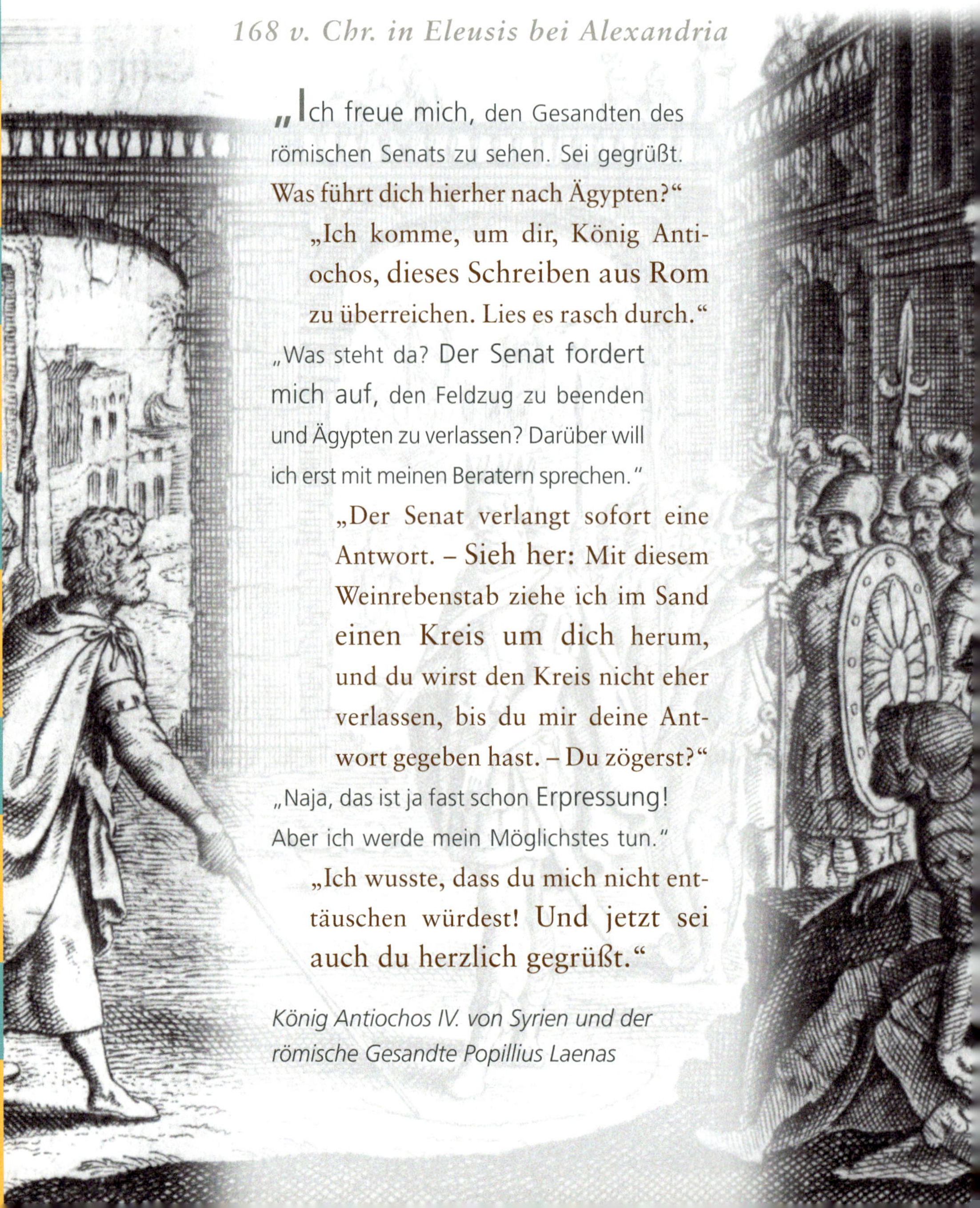

168 v. Chr. in Eleusis bei Alexandria

„Ich freue mich, den Gesandten des römischen Senats zu sehen. Sei gegrüßt. Was führt dich hierher nach Ägypten?“

„Ich komme, um dir, König Antiochos, dieses Schreiben aus Rom zu überreichen. Lies es rasch durch.“

„Was steht da? Der Senat fordert mich auf, den Feldzug zu beenden und Ägypten zu verlassen? Darüber will ich erst mit meinen Beratern sprechen.“

„Der Senat verlangt sofort eine Antwort. – Sieh her: Mit diesem Weinrebenstab ziehe ich im Sand einen Kreis um dich herum, und du wirst den Kreis nicht eher verlassen, bis du mir deine Antwort gegeben hast. – Du zögerst?“

„Naja, das ist ja fast schon Erpressung! Aber ich werde mein Möglichstes tun.“

„Ich wusste, dass du mich nicht enttäuschen würdest! Und jetzt sei auch du herzlich gegrüßt.“

König Antiochos IV. von Syrien und der römische Gesandte Popillius Laenas

Was sich 168 v. Chr. in Eleusis vor den Toren von Alexandria zuträgt, ist für König Antiochos IV. eine schwere Demütigung. Denn der König von Syrien ist gerade auf Kriegszug in Ägypten, um dieses Nachbarland zu besiegen und seinem Herrschaftsgebiet anzugliedern. Doch die Nachricht des **Senatsgesandten** aus Rom zwingt den König in die Knie. Er gibt seiner Armee den Befehl zum Rückzug. Zurück bleibt ein triumphierender Römer namens Popillius Laenas. Er hat für den Senat von Rom einen König in seine Schranken verwiesen. Wer es bis dahin noch nicht wusste, dem wird durch das Geschehen von Eleusis in aller Deutlichkeit vor Augen geführt: Mit der Herrlichkeit der griechischen Könige des Ostens, die seit 200 Jahren über das Reich Alexanders des Großen herrschen, ist es vorbei, auch hier macht Rom seinen Herrschaftsanspruch deutlich.

Wissen spezial

Was ist ein Senatsgesandter?

Im römischen Senat, der aus etwa 300 Mitgliedern bestand, fielen alle wichtigen politischen Entscheidungen. Für die Regelung außenpolitischer Angelegenheiten erteilte der Senat erfahrenen Politikern den Auftrag, seine Beschlüsse vor Ort durchzusetzen.

Die Königreiche des Ostens

Nicht nur Antiochos, auch die anderen Könige des Ostens sehen sich als die rechtmäßigen Nachfolger Alexanders des Großen. Nach dem frühen Tod des legendären Eroberers und makedonischen Königs im Jahr 323 v. Chr. war unter den Generälen ein heftiger Streit um die Nachfolge ausgebrochen. Immer wieder kämpften sie mit ihren Armeen gegeneinander um den Besitz des Riesenreiches, das sich von Griechenland und Ägypten bis nach Indien erstreckt hat. Schließlich bilden sich um 300 v. Chr. mehrere Reiche heraus, an deren Spitze die siegreichen makedonischen Heerführer als Könige herrschen. Das größte Stück vom

Statue eines vornehmen Römers, eines typischen Mitglieds des römischen Senats. Hier mit den Porträts seiner Ahnen

Eine monumentale Grab- und Kultstätte ließ sich Antiochos I. im Äußeren Osttaurus (Türkei) errichten.

Kuchen sichert sich Seleukos, ein Vorfahre des unglücklichen Antiochos von Syrien. Er wird Herrscher des gesamten Raums von Syrien bis nach Indien. Nicht schlecht schneidet auch Ptolemaios ab, der das kornreiche und strategisch wichtige Ägypten unterwirft. Mit dem Sieg der Stammregionen Makedonien und Griechenland fällt die Beute des Generals Antigonos hingegen bescheiden aus.

Auch nach der Herausbildung dieser politischen Ordnung herrscht kein Frieden zwischen Alexanders Erben. Immer noch kommt es zwischen den Herrscherfamilien zu Streitigkeiten. Besonders häufig geraten die Herrscher von Syrien, die in **Antiochia** residieren, und die Nachfolger von Ptolemaios in Ägypten aneinander, die sich Alexandria nahe der Nilmündung als Hauptstadt ausgesucht haben. Vordergründig geht es bei diesen Streitigkeiten um kleinliche Grenzfragen. In Wirklichkeit verbirgt sich dahinter das eifersüchtige Streben der Könige, von denen jeder der Beste und Größte sein will.

Wissen *spezial*

Antiochia – die griechische Metropole in Syrien
Die Stadt Antiochia, überbaut von der heutigen Stadt Antakya an der türkisch-syrischen Grenze, war eine der wichtigsten Großstädte der Antike. Am Knotenpunkt vieler Straßen entwickelte sie sich rasch zu einem bedeutenden Zentrum von Politik, Wirtschaft und Kultur.

Die goldenen Zeiten Alexandrias und der Ptolemäer

Ptolemaios I. gab den Auftrag, die Alexandrinische Bibliothek zu bauen.

Als nach Alexanders Tod Ptolemaios I., ein enger Weggefährte Alexanders des Großen, in Ägypten regierte, erlebte das Land eine wirtschaftliche und kulturelle Blütezeit. Ptolemaios ließ die Residenz Alexandria zu einem Juwel unter den großen Städten des Ostens ausbauen. Unter seiner Regie entstehen ein **Museum** und eine öffentliche Bibliothek, zwei der wichtigsten Bildungseinrichtungen der gesamten Antike. Das Königshaus lässt am Museum die besten Wissenschaftler der Zeit auf seine Kosten forschen und arbeiten. Vertreten sind alle Sparten von der Philosophie über die Mathematik und die Astronomie bis hin zur Medizin. Damit ist Griechisch die Sprache der Wissenschaft und Kultur geworden. Die Bibliothek in Alexandria besitzt am Ende nicht weniger als 700.000 Buchrollen aus Papyrus. Das ist mehr als in jeder anderen Bibliothek der Antike. Zum Vergleich:

Wissen spezial

Das Museum von Alexandria

Unter einem „Museum" verstand man in der Antike einen Ort, der den Musen, den Schutzgöttinnen der Künste und Wissenschaften, geweiht war. In Alexandria war das Museum eine Forschungsstätte und ein Vorläufer der heutigen Universitäten.

Die Statue von Ptolemaios II. steht vor der neuen Bibliothek.

Zwei ägyptische Studentinnen schauen in die Haupthalle der Bibliothek.

Eine 600 Jahre alte kirchliche Bibliothek in Münster hat 1977 ein neues Gebäude bezogen und darin 700.000 Bände untergebracht. Wie aber haben es die Gelehrten von damals geschafft, eine solch riesige Sammlung aufzubauen? Ganz einfach: Die Hafenbehörden waren angewiesen, allen Reisenden, die mit dem Schiff in Alexandria anlegten, erst einmal die Reiselektüre wegzunehmen, als freundliche, wenn auch unfreiwillige Spende für die Bibliothek.

Nicht nur mit der Wissenschaft, auch in der Baukunst, namentlich mit dem Leucht-

Thema Die Sieben Weltwunder der Antike

Die klassische Liste der Sieben Weltwunder enthielt imposante Bau- und Kunstwerke. Neben dem Leuchtturm von Alexandria waren dies die Pyramiden von Gizeh in Ägypten, die Hängenden Gärten der Königin Semiramis in Babylon, die Statue des Zeus im Tempel von Olympia, der Tempel der Artemis in Ephesos, das Grabmal des Fürsten Mausolos in Halikarnassos in Kleinasien und die Kolossalstatue des Gottes Helios in der Hafeneinfahrt von Rhodos.

turm von Alexandria auf der dem Hafen vorgelagerten Insel Pharos, machen sich die griechischen Herrscher in Ägypten einen Namen. Das 279 v. Chr. vollendete Bauwerk wird sofort in die Liste der **Sieben Weltwunder der Antike** aufgenommen. Sein Feuer können die Schiffe auf dem Meer bis zu einer Entfernung von 50 Kilometern sehen und so im Wirrwarr der mündenden Nilarme den sicheren Hafen von Alexandria ansteuern.

Der Leuchtturm von Alexandria wurde 1326 durch ein Erdbeben zerstört.

1996 entdeckt ein Taucher im Hafen von Alexandria Überreste eines Palastes.

Die Römer melden Machtansprüche im Nahen Osten an

Diese glorreichen Zeiten liegen etwas mehr als 100 Jahre zurück, als Antiochos IV. von Syrien nach Ägypten einmarschiert. Sein Reich ist seit der Zeit Alexanders des Großen ziemlich geschrumpft, weil sich die meisten Völker Asiens von der ungeliebten Herrschaft der fremden Makedonen gelöst hatten. Im Grunde regiert er jetzt nur noch über Syrien und Teile Kleinasiens. Da kommt es Antiochos ganz recht, dass Ägypten ständig in Machtkämpfe um den Thron verwickelt ist.

Allerdings mischt sich genau zu diesem Zeitpunkt der Gesandte aus Rom mit seinem Überraschungsbesuch in

Römische Legionäre durchbrechen bei Pydna die makedonische Reihe der Soldaten.

das Geschehen ein. Seine Forderung an den König von Syrien ist das Ergebnis einer genau durchdachten Politik und zugleich der Anfang vom Ende der griechischen Könige des Ostens. Bereits zu Beginn des 2. Jahrhunderts v. Chr. haben die Römer Griechenland, Makedonien und die Nachfolger Alexanders des Großen militärisch ins Visier genommen. Das oberste außenpolitische Ziel der Römer lautet: Keine Macht darf im Osten zu stark werden, damit Roms Herrschaft im Mittelmeerraum nicht gefährdet wird. Diesen Plan hat Antiochos mit seinem Angriff auf Ägypten durchkreuzt, denn mit der Eroberung Ägyptens hätte er seinen politischen Einfluss erheblich vergrößern können. Also verbietet ihm der Senat von Rom dieses Vorhaben durch die Entsendung eines Eilboten.

In seinem Fresko „Die Schule von Athen" zeigt Raffael einige der bedeutendsten griechischen Denker, z. B. Pythagoras, Epikur und Parmenides.

Wenige Wochen zuvor verlieren Makedonien und Griechenland die Freiheit. In mehreren Kriegen behaupten sich die Griechen noch einigermaßen gegenüber den Römern, aber im Sommer 168 v. Chr., in der Schlacht bei Pydna, sinken sie auf den Status von römischen Untertanen ab.

Caesar und Kleopatra waren Vorbild für zahlreiche Gemälde, Romane und Verfilmungen. Hier Elizabeth Taylor in „Cleopatra"

Außerdem wechselt Rom in dieser Zeit die Taktik: Begnügten die Eroberer sich bisher mit der Kontrolle der einheimischen Regierungen, übernehmen sie nun selbst die Verwaltung der **Provinzen**. 148 v. Chr. wird Makedonien römische Provinz, während die griechischen Herrscher im Vorderen Orient und in Ägypten sich noch etwa 100 Jahre länger halten. Doch 63 v. Chr. wird auch Syrien römisch.

Kleopatra – Königin von Ägypten

Wiederum 30 Jahre später kämpft Alexanders letzte Erbin, Königin Kleopatra VII., um die Unabhängigkeit des Landes. Mit einigem Geschick versteht es die Königin, die Zuneigung römischer Feldherren wie Marcus Antonius und Julius Caesar zu gewinnen. Das sichert ihr eine Weile die Herrschaft. Nur bei Octavian, dem späteren Kaiser Augustus, beißt sie auf Granit. Seine Legionen erobern 30 v. Chr. Alexandria. Kleopatra begeht Selbstmord, und damit fällt auch die letzte Bastion, die den Griechen noch geblieben war.

Wissen spezial

Was ist eine Provinz?

„Provincia" (Provinz) hießen bei den Römern die eroberten Untertanengebiete, in die das Reich aufgeteilt war. Gegen Ende der Republik gab es mehr als 20 davon. Die Verwaltung übertrugen die Römer einem Statthalter. Die Bewohner mussten an Rom Steuern zahlen.

Aufstand der Sklaven

Spartacus gegen Rom

73 v. Chr. in Capua (Süditalien)

„Herr, etwas Schreckliches ist passiert!"

„Beruhige dich doch, Gaius, du bist ja ganz außer Atem."

„Die Sklaven – die Gladiatoren – geflohen … mit Messern und Bratspießen …"

„Was sagst du da? Sei doch nicht so aufgeregt, erzähl genau, was passiert ist!"

„Oh edler Lentulus Vatia, es war nicht meine Schuld. Als ich kam, waren sie schon verschwunden."

„Entweder erhalte ich jetzt einen ordentlichen Bericht oder du bist die längste Zeit mein Aufseher gewesen!"

„Es war Spartacus – er hat die anderen aufgehetzt, einige haben ihn verraten, aber … es ist nicht meine Schuld, das musst du mir glauben!"

„Ich glaube dir ja. Wenn du mir nur erst erzählen würdest, wer was wann getan hat! Aber ich muss mich wohl selbst um die Sache kümmern."

Lentulus Vatia und sein Sklavenaufseher

Was der Besitzer der berühmten Gladiatorenschule von Capua, Lentulus Vatia, herausfindet, ist nicht dazu angetan, seine Laune zu verbessern. 78 seiner **Gladiatoren** haben die Gelegenheit genutzt, die Flucht zu ergreifen. Eigentlich waren es noch viel mehr gewesen, die sich aus dem Staub machen wollten, doch wurde der Plan verraten. Die 78 aber, die sich in der Küche der Kaserne mit Messern und Bratspießen bewaffnet und die Wärter überwältigt haben, sind längst über alle Berge, um noch mehr aufständische Sklaven zu werben.

Lentulus Vatia bekommt einen Wutanfall. Am nächsten Tag sollen in der Arena Spiele stattfinden. Tausende von Zuschauern erwartet er im Amphitheater von Capua. Was wird das verwöhnte Publikum sagen, wenn Stars wie Spartacus fehlen? Kein anderer kann mit Schwert, Schild, Netz und Dreizack so umgehen wie er. Kein anderer, außer

Wissen spezial

Woher kommt der Name Gladiator?

Wörtlich bedeutet Gladiator „Schwertkämpfer", nach dem lateinischen Begriff „gladius" (= „Schwert"). Gladiatorenkämpfe waren schon bei den Etruskern üblich, die bei Begräbnisfeiern Kämpfer gegeneinander antreten ließen, um den Verstorbenen zu ehren.

Gladiatoren kämpften erbittert gegeneinander (Filmszene).

Wissen spezial

Tiere in der Arena?

Die Veranstalter von Gladiatorenkämpfen scheuten weder Kosten noch Mühen, um das Publikum zu beeindrucken. So ließen sie die Gladiatoren gegen wilde Tiere wie Löwen, Elefanten, Bären oder Wildschweine antreten.

Spartacus, geht aus dem Kampf mit wilden **Tieren** stets als Sieger hervor! Da ist es auch kein Trost, dass Lentulus Vatia für die meisten geflohenen Gladiatoren schnell Ersatz finden wird.

Sklaveist nicht gleich Sklave

Fast alle Kämpfer sind Sklaven und daran herrscht im Römischen Reich kein Mangel. Das Schicksal der Versklavung droht allen Gefangenen, die Rom in seinen vielen Kriegen rings um das Mittelmeer macht. Dazu kommt ein organisierter Sklavenhandel, bei dem sich Händler darauf spezialisieren, die Sklaven zu einem möglichst hohen Preis zu verkaufen. Auf der griechischen Insel Delos, einem Umschlagplatz des Handels im östlichen Mittelmeerraum, werden im 1. Jahrhundert v. Chr. täglich mehr als

Waffen und Helme der Gladiatoren sahen prunkvoll aus.

Fußfessel eines römischen Bergwerkssklaven, gefunden im Gebiet der Silberminen von Attika

20.000 Sklaven verkauft. Dankbare Abnehmer sind die reichen Großgrundbesitzer in Italien, die Sklaven als billige Arbeitskräfte auf ihren Landgütern beschäftigen. Andere müssen sich unter schwierigsten Bedingungen in den Bergwerken abplagen. Vergleichsweise gut ergeht es jenen Sklaven, die einen Posten als Lehrer oder als Hausarzt in den Villen der Reichen erhalten. Begehrt sind vor allem Lehrer aus Griechenland. Rechte haben Sklaven keine, sie gelten bei den Römern nicht als Menschen, sondern als Sachen, und wer einen Sklaven tötet, wird nicht wegen Mordes, sondern wegen Sachbeschädigung bestraft.

Sklaven konnten alle Berufe ausüben, auch den des Musikers.

Die Gladiatoren aus Capua

Gut trainierte, kräftige Sklaven landen in den Gladiatorenschulen, wo sie für die Kämpfe auf Leben und Tod ausgebildet werden, an denen das römische Publikum so großen Gefallen findet. Capua im reichen Kampanien, wo 73 v. Chr. die spektakuläre Flucht der versklavten Gladiatoren stattfindet, ist eine der ersten Adressen für diese blutigen Schauspiele. Erfolgreiche Gladiatoren dürfen sich des Jubels und der Anerkennung der Zuschauer gewiss sein. Doch das kann die Kämpfer nicht über ihr trauriges Dasein hinwegtrösten. Sie sind es leid, sich gegenseitig töten zu müssen und selbst immer den Tod vor Augen zu haben. Alle haben sie deswegen nur ein Ziel: zu fliehen und wieder frei zu sein. In Spartacus finden die Gladiatoren von Capua einen herausragenden Anführer. Er

Smaragdus, selbst Sklave, war mit der städtischen Kassenaufsicht betraut.

Mehr als 50.000 Menschen fanden Platz im Kolosseum in Rom. Damit war es das größte Amphitheater aller Zeiten.

stammt aus Thrakien, einer Landschaft auf dem Balkan. Einst war er Fürst, dann geriet er in römische Kriegsgefangenschaft und wurde wegen seiner körperlichen Stärke von Lentulus Vatia für seine Gladiatorentruppe eingekauft. Die meisten der 78 Flüchtlinge sind, wie Spartacus, Thraker, die anderen kommen aus Gallien.

Wer ist stärker?

Bald schließen sich der kleinen Gruppe flüchtiger Sklaven weitere Sklaven aus den umliegenden Landgütern an und aus der Schar wird rasch eine ansehnliche Armee. Zunächst muss es darum gehen, sich in Sicherheit zu bringen. Aber da naht aus Rom eine Truppe mit 3000 Legionären. Spartacus hat seine Leute am Vesuv verschanzt. Unterwegs haben sie sich Waffen besorgt, und es gelingt den Sklaven tatsächlich, die Römer in die Flucht zu schlagen. Auch ein weiteres römisches Heer wird besiegt. Die Nachricht

In den Gladiatorenkämpfen ging es um Leben und Tod.

vom Siegeszug der Spartacus-Armee verbreitet sich schnell. Immer mehr Sklaven stoßen hinzu, auch freie Bauern, Hirten und Tagelöhner, die sich von Spartacus ein besseres Leben erhoffen.

Demonstration zum Todestag von Karl Liebknecht und Rosa Luxemburg. Diese beriefen sich auf Spartacus als Symbolfigur für den Aufstand der Unterdrückten.

Auch viel später, sogar bis in die Gegenwart hinein, hat man den Namen „Spartacus" immer wieder als Symbol für den Kampf gegen Unterdrückung und Unrecht benutzt. Doch eine Revolution ist das Letzte, woran Spartacus denkt. Der ehemalige Gladiator will nicht für die Abschaffung der Sklaverei streiten, sondern einfach nur frei sein. So bewegt sich der Tross, der zu Beginn des Jahres 72 v. Chr. auf 40.000 angewachsen ist, in Richtung Norden. Über die Alpen sollen die Mitglieder der internationalen Sklaventruppe in ihre Heimatländer zurückkeh-

Thema **Sklavenaufstände in der Antike**

Der Spartacus-Aufstand ist zwar die berühmteste, jedoch nicht die einzige Erhebung von Sklaven in der Antike gewesen. Unruhen gab es vor allem in Sizilien. Auf dieser Insel, einer der Kornkammern des Römischen Reiches, waren besonders viele Sklaven in der Landwirtschaft tätig. Eine erste Revolte brach 141 v. Chr. aus, als der Syrer Eunus etwa 200.000 Sklaven mobilisierte und sich daraufhin selbst zum König ernannte. 30 Jahre später rief ein Sklavenführer namens Salvius zum Widerstand auf. Letztlich hatten auch Sie keine Chance gegen die Römer.

ren, so die Vorstellung des Spartacus. Unterwegs besiegen sie erneut römische Soldaten, die sich ihnen in den Weg stellen. Doch dann regt sich plötzlich Widerstand in der eigenen Truppe, viele verweigern Spartacus die Gefolgschaft. Ist es nicht verlockend, in Italien zu bleiben und den Römern, die man nun schon so oft besiegt hat, das Leben noch schwerer zu machen? Wer weiß, vielleicht werden am Ende aus den Sklaven die Herren und aus den Herren die Sklaven? Der Plan zeigt in aller Deutlichkeit, dass es ihnen nicht um eine grundsätzliche Veränderung der gesellschaftlichen Verhältnisse geht, sondern darum, die Rollen zu tauschen.

Wissen spezial

Antike Piraten

Zur Zeit des Spartacus waren Reisen auf dem Meer eine riskante Angelegenheit. Auf dem Mittelmeer trieben viele Seeräuber ihr Unwesen, indem sie Schiffe enterten und plünderten. Manche setzten auch falsche Leuchtzeichen am Ufer, um die ahnungslosen Kapitäne anzulocken.

Spartacus und seine Anhänger (Filmszene)

Spartacus hat keine Kontrolle mehr über seine Gefolgschaft. Vergeblich versucht er den Sklaven klarzumachen, dass sie gegen die Römer letztlich keine Chance haben. Und tatsächlich braut sich das Unheil in dem Augenblick zusammen, als die Sklaven an den Alpen umkehren und plündernd und mordend zurück nach Italien ziehen. Nun mobilisiert der Senat alle Kräfte, und der Kommandant erhält den Befehl, dem Spuk endlich ein Ende zu machen. Crassus, einer der reichsten Bürger Roms, wirbt Soldaten an und bezahlt sie, während der Senat für ihre Ausrüstung sorgt. Mit seinen Legionen

Marcus Licinius Crassus bekämpfte Spartacus in mehreren Schlachten.

treibt Crassus die Sklavenarmee vor sich her, bis er sie in Bruttium, an der Stiefelspitze von Italien, eingeschlossen hat. Spartacus nimmt geheime Kontakte zu Piraten aus Kilikien auf, die ihnen Schiffe für eine Flucht über das Meer stellen sollen. Doch die **Piraten** kassieren nur das Geld, ohne sich an die Abmachung zu halten.

Verzweifelt versuchen die Sklaven nun einen Durchbruch über das Land. Sie überwinden die Befestigungslinie aus Wall und Graben, die Crassus angelegt hat, um sie vollkommen abzuriegeln. So kommt es 71 v. Chr. zur entscheidenden Schlacht. Die Sklaven erleiden eine verheerende Niederlage, die meisten von ihnen kommen, wie Spartacus, ums Leben. Die übrigen 6000 werden gefangen genommen und nach Rom transportiert. Die Senatoren sind sich einig: Man muss ein abschreckendes Beispiel geben, damit kein Sklave in Italien mehr auf die Idee kommt, zu fliehen. Und so präsentiert man der römischen Bevölkerung das schreckliche Schauspiel von 6000 Sklaven, getötet durch **Kreuzigung**, zur Schau gestellt entlang der Via Appia, der belebten Straße zwischen Rom und Capua.

Wissen spezial

Die Strafe der Kreuzigung

Die Kreuzigung übernahmen die Römer von den Karthagern. Als Strafe wurde sie nur bei Sklaven und Fremden, nicht aber bei römischen Bürgern angewandt. Durch die Kreuzigung Jesu Christi wurde das Kreuz zum Symbol des Christentums.

Nach der entscheidenden Schlacht gegen den Sklavenaufstand ließ Crassus 6000 Sklaven kreuzigen.

Die Verschwörung gegen Caesar

Höhepunkt und Ende der Republik

49 v. Chr. am Fluss Rubikon

„Noch können wir umkehren. Aber haben wir diesen kleinen Steg dort über den Rubikon erst einmal überschritten, dann sind es die Waffen, die alles entscheiden müssen."

„Warum zögerst du, Caesar? Du hast keine andere Wahl, denn sonst … Was ist denn da los? Da kommt einer unserer Männer angerannt. Er sieht ganz verwirrt aus. – Was ist?"

„Hört nur, was die Soldaten gesehen haben. Da war eben ein großer, schöner Mann am Ufer, sicher ein Gott. Erst hat er auf seiner Flöte gespielt, dann hat er einem unserer Trompeter das Instrument entrissen, ist zum Fluss gesprungen, hat mit aller Kraft das Signal geblasen und ist dann ans andere Ufer gewatet. Was sagst du dazu, oh Caesar?"

„Lasst uns gehen, wohin die Zeichen der Götter und die Ungerechtigkeit der Feinde uns rufen! Die Würfel sind gefallen."

Caesar und seine Berater

Es ist der Gott Pan, der die Soldaten und Berater Caesars davon überzeugen will, den Rubikon zu überschreiten. Zuerst gibt er sich mit seiner Panflöte zu erkennen, und dann bläst er die Trompete, das Signal zum Aufbruch für die Soldaten. Mit dem Ausspruch „Die Würfel sind gefallen“, macht Caesar seine Entschlossenheit deutlich. Warum ist das Überqueren eines Flusses eine so wichtige und weitreichende Entscheidung für Caesar und seine Soldaten? Der kleine Fluss **Rubikon** in Oberitalien, der nördlich von Rimini in das Adriatische Meer fließt, ist damals die politische Grenze zwischen Italien und der römischen Provinz Gallia cisalpina. „Das diesseits der Alpen gelegene Gallien“ nennen die Römer dieses Untertanengebiet, das von Kelten oder, wie die Römer sagen, von Galliern bewohnt wird und das sich bis zu den Alpen erstreckt. Krieg führende Soldaten dürfen diesen Fluss nicht überschreiten. Feldherren, wie auch Caesar einer ist, müssen vorher ihre Soldaten entlassen, so ein Beschluss des Senats von Rom. Mit seiner Entscheidung, den Rubikon dennoch mit seiner Legion zu überqueren, richtet Caesar sich bewusst gegen die Anordnung des Senats und gegen seinen langjährigen Gegner Pompejus. Diesen fordert er damit zum Krieg im eigenen Land heraus.

Der römische Feldherr und Politiker Gaius Julius Caesar hat Italien seit neun Jahren nicht mehr betreten. Damals, 58 v. Chr., war er mit seinem Heer losgezogen, um das jenseits der Alpen gelegene Gallien, das heutige Frankreich, zu unterwerfen. Sieben Jahre lang hat Caesar sich in Gallien aufgehalten, dann kann er nach Rom melden, dass das Gebiet zwischen Atlantik, Rhein und Alpen erobert ist.

Pan ist der Gott der Hirten, ein Mischwesen aus Mensch und Ziege. Sein Kennzeichen ist die Panflöte.

Wissen spezial

Rubikon oder Rubico?

„Den Rubikon überschreiten“, sagt man noch heute, wenn man eine Entscheidung trifft, an der sich hinterher nichts mehr ändern lässt. Rubikon wird der Fluss in den griechischen Texten genannt, der lateinische Name ist Rubico. Auf Italienisch heißt er heute Rubicone.

Caesar fordert Pompejus heraus.

In früheren Zeiten wären Caesar und seine Soldaten im Triumph über den Rubikon in die Heimat gezogen, und Senat und Volk von Rom hätten ihnen einen begeisterten Empfang bereitet. Aber die Verhältnisse haben sich geändert. Caesar kehrt 49 v. Chr. aus dem Krieg in Gallien zurück, um in Italien Krieg gegen Pompejus und seine Mitstreiter zu führen. Sein Gang über den Rubikon läutet die letzte und heißeste Phase eines Bürgerkrieges ein, der schon Jahrzehnte zuvor begonnen hat.

Noch heute erinnert diese Statue in Rom an Julius Caesar.

Wie kommt es zum Bürgerkrieg im Römischen Reich?

Über die Ursachen sind sich die Römer zunächst selbst nicht im Klaren. Und tatsächlich ist es auf den ersten Blick höchst seltsam, dass ausgerechnet zu dem Zeitpunkt, als Rom scheinbar auf dem Gipfel seiner Macht steht, im Innern plötzlich alles aus den Fugen gerät. Oder besteht da vielleicht doch ein Zusammenhang? Nach der Ausschaltung Karthagos und der Königreiche im Osten haben die Römer keine ernsthaften auswärtigen Gegner mehr zu fürchten. Aus den Provinzen strömen die Reichtümer nach Italien, verleiten die Adligen zu einem Leben im Luxus und wecken den Wunsch nach immer größerem Wohlstand. Gleichzeitig achten die Senatoren eifersüchtig darauf, dass sich keiner aus ihrem Kreis persönlich bereichert. Gelegenheiten dazu gibt es genug. Die Statthalter in den Provinzen kehren mit prall gefüllten Taschen nach Rom zurück. Feldherren, die mit ihren Soldaten unterwegs sind, geraten in den Verdacht, mithilfe ihrer schlagkräftigen Armeen auch im Wettstreit der Adligen um Macht und Einfluss Pluspunkte sammeln zu wollen. So spukt in den Köpfen der Senatoren die Angst davor herum, dass sich einer von ihnen zum Alleinherrscher aufschwingen könnte.

In den Provinzen am Schwarzen Meer stießen die Römer auf fernöstliche Handelswaren. Chinesische Seide war bei den reichen Römern besonders beliebt.

Gaius Julius Caesar, genau 100 v. Chr. geboren, ist ein besonders ehrgeiziger und skrupelloser Machtpolitiker. Er absolviert zunächst die normale Ämterlaufbahn eines Adligen und erreicht 59 v. Chr. das Amt des Konsuls. Danach lässt er sich vom Senat das Kommando zur Eroberung Gal-

Der Staatsschatz Roms wurde im Saturntempel im Zentrum Roms aufbewahrt. Caesar erpresste 49 v. Chr. seine Herausgabe.

Dieses Relief zeigt gallische Krieger auf der Flucht.

liens übertragen. Doch es geht ihm weniger um Gallien als um seine eigene Karriere. In Gallien eilt Caesar von Sieg zu Sieg, und nun beginnt bei den Senatoren in Rom das große Zittern. Seine Legionäre sind eine verschworene Gemeinschaft, die bereit ist, mit ihrem Feldherrn durch dick und dünn zu gehen.

Also treffen Caesars Gegner hektische Vorkehrungen. Caesar wittert eine Falle, denn seine Informanten melden, dass er in Rom wegen angeblicher Verfehlungen im Gallienkrieg vor Gericht gestellt werden soll. Als Caesar in den frühen Morgenstunden des 11. Januar 49 v. Chr. den

Die Gallier Asterix und Obelix mischen die Römer auf (Filmszene).

Thema **Caesar als Schriftsteller**

Caesar war nicht nur als Feldherr und Politiker aktiv, er griff auch gerne und häufig zur Feder. Wenn er unterwegs war, nutzte er die Zeit, um Gedichte und Dramen zu schreiben. Am bekanntesten sind seine Kommentare zum Gallischen Krieg, die noch heute unter dem Titel „De bello gallico“ zur Schullektüre im Lateinunterricht gehören. Hier schilderte er seine Feldzüge in Gallien, beschrieb die Völker und Stämme, auf die er traf, und vergaß dabei nicht, seine eigenen Leistungen als Kommandant anzupreisen.

Rubikon überschreitet, weiß er, dass er gegen das geltende Recht handelt. Doch er weiß auch, dass er keine andere Wahl hat, wenn er in Rom noch eine politische Zukunft haben will.

Wissen spezial

Der ägyptische Sonnenkalender
Caesar ließ den ägyptischen Kalender durch einen Astronomen verbessern und führte ihn danach als julianischen Kalender ein. Anstelle des bisher üblichen Mondjahrs mit 354 Tagen gab es nun das Sonnenjahr mit 365 Tagen. Dieser Kalender galt in Europa bis zum 16. Jahrhundert.

Wie verläuft der Bürgerkrieg?

Nach Überqueren des Rubikon zieht Caesar mit seiner Armee in Richtung Hauptstadt. Die Senatoren haben sich um Caesars Gegner Pompejus geschart, der neben Caesar als der beste Feldherr Roms gilt, und sie haben selbst Truppen aufgestellt. Drei Jahre lang tobt der Bürgerkrieg, nicht nur in Italien, auch in Griechenland, wohin Pompejus sich absetzt. Dann flieht er nach Ägypten und Caesar verfolgt ihn. Unterwegs erfährt Caesar, dass Pompejus bei seiner Ankunft ermordet worden ist. Länger als vorgesehen und als er sich eigentlich erlauben kann, bleibt Caesar in Ägypten, weil es der jungen Königin Kleopatra gelingt, den berühmten Besucher aus Rom in ihren Bann zu ziehen. Während seines Aufenthalts erkundet Caesar, neben anderen wissenschaftlichen Erkenntnissen, die Vorteile des ägyptischen **Sonnenkalenders**.

Das Hotel „Caesars Palace" in Las Vegas wurde dem Palast des römischen Imperators Julius Caesar nachgebaut.

Münze mit Caesars berühmtem Ausspruch

Danach stürzt er sich wieder ins Gefecht, besiegt 47 v. Chr. an der Südküste des Schwarzen Meeres einen abtrünnigen Fürsten namens Pharnakes. Er erledigt diese Aufgabe im Rekordtempo und prägt dabei den unsterblich gewordenen lateinischen Spruch „veni, vidi, vici“: „Ich kam, sah und siegte.“ Von da eilt Caesar erst nach Nordafrika und dann nach Spanien, wo sich die alten Anhänger des Pompejus verschanzt halten.

Wissen spezial

Ein Diktator darf alles

Als erster Römer wurde Caesar uneingeschränkter Diktator auf Lebenszeit. Davor setzten die Römer einen Diktator nur in außenpolitischen Notlagen ein, wie etwa bei dem Angriff Hannibals. Ein Diktator hat unbegrenzte Vollmachten, aber eine begrenzte Amtszeit.

Als auch diese besiegt sind, kehrt Caesar im Oktober 45 v. Chr. nach Rom zurück. Was seine Gegner befürchtet haben, tritt ein. Mit der Macht seiner siegreichen Armee im Rücken, kümmern ihn die Spielregeln der Republik wenig. Den Senatoren zeigt er deutlich, was er von ihnen hält, wenn er sich bei Sitzungen im Senat die Zeit mit Lesen vertreibt oder Briefe diktiert, jedenfalls alles andere tut als zuzuhören. Im Februar 44 v. Chr. lässt sich Caesar, als letztem Schritt auf dem

Im August 48 v. Chr. landete Caesar in Alexandria und traf dort Kleopatra.

Erdolcht liegt der Diktator am Boden (Filmszene).

Weg zur Alleinherrschaft, zum „**Diktator** auf Lebenszeit" ernennen. Damit kann er sich sogar über Senatsbeschlüsse hinwegsetzen. Was er zu diesem Zeitpunkt nicht weiß, ist, dass seine Lebenszeit nur noch äußerst knapp bemessen ist.

Republik gegen Diktatur

Unter den Senatoren formiert sich eine Gruppe von 60 Verschwörern, die nur noch ein Ziel haben: den Diktator zu beseitigen und die alte **Republik** wiederherzustellen. Am 15. März 44 v. Chr. schreiten sie ans Werk. Als Caesar am Morgen dieses Tages das Senatslokal betritt, stürzen die Attentäter von allen Seiten auf ihr Opfer und töten den Diktator mit 23 Dolchstichen. Die Hoffnung der Verschwörer, mit Caesars Tod die Republik gerettet zu haben und damit die Macht kontrollieren zu können, erweist sich aber schon bald als Trugschluss. Denn nun betritt Caesars Adoptivsohn Octavian, der spätere Augustus, die Bühne der Politik und wird zum Begründer des römischen Kaisertums.

Wissen *spezial*

Woher kommt das Wort Republik?

Vom lateinischen „res publica" leitet sich unser heutiges Wort Republik ab, was so viel heißt wie „öffentliche Angelegenheit". Im weiteren Sinne war damit der Staat insgesamt, im engeren Sinne das System der Adelsherrschaft mit zwei Konsuln an der Spitze gemeint.

Augustus wird Kaiser

Beginn der römischen Kaiserzeit

13 n. Chr. in Rom

„Im Alter von 19 Jahren habe ich als Privatmann aus eigenem Entschluss und aus eigenen Mitteln ein Heer aufgestellt. Damit konnte ich den Staat von der Willkürherrschaft einer bestimmten Gruppe befreien. Aus diesem Grund hat mich der Senat unter ehrenvollen Beschlüssen im Konsulatsjahr des Gaius Pansa und des Aulus Hirtius in seine Reihen aufgenommen. Ebenso verlieh er mir militärische Befehlsgewalt. Zusammen mit den Konsuln sollte ich dafür Sorge tragen, dass der Staat keinen Schaden nehme. Nachdem beide Konsuln im Krieg gefallen waren, wählte mich das Volk im selben Jahr zum Konsul, und der Senat beauftragte mich, den Staat neu zu ordnen. Diejenigen, die meinen Vater ermordet haben, habe ich aus Italien vertrieben und ihre Untat durch gesetzmäßigen Richtspruch gerächt."

Kaiser Augustus in seinem Lebensbericht

75 Jahre ist Kaiser Augustus alt, als er diese Zeilen aufschreibt. Sie sind der Anfang eines Berichts über seine lange und erfolgreiche Regierungszeit. In den folgenden Kapiteln beschreibt er ausführlich, was er für den Staat und für das römische Volk geleistet hat. Gemäß dem letzten Willen des **Kaisers** werden nach seinem Tod am 19. August 14 n. Chr. zwei große Bronzetafeln mit diesem Text vor seinem Grabmal in Rom aufgestellt. Jetzt können die Römer die Heldentaten ihres Kaisers Augustus nachlesen. Auch die Reichsbevölkerung soll nicht darüber im Unklaren gelassen werden, und so wird dafür Sorge getragen, dass die Worte des seligen Kaisers in allen großen Städten auf Tafeln veröffentlicht werden.

Das Augustusmausoleum in Rom, ein großes Grabmal zu Ehren des Kaisers

Die „Gemma Augustea" fasst die Weltherrschaft des Augustus zusammen.

Dieser Bericht ist ein wahres Kunstwerk. Alles stimmt – und doch ist es nicht richtig. Besser gesagt: Es ist meistens die halbe Wahrheit. Denn der Kaiser verschweigt geschickt alles, was seinem Ruhm schaden könnte. Das gilt vor allem für die Schilderung seiner politischen Anfänge.

Der Krieg um Caesars Nachfolge

Die politischen Anfänge des Augustus fallen in die turbulente Zeit nach der Ermordung Julius Caesars im März 44 v. Chr. Damals heißt Augustus noch Octavian. Er ist ein entfernter Verwandter des Diktators Caesar, den dieser kurz vor seinem Tod

Wissen *spezial*

Woher kommt das Wort Kaiser?

„Kaiser" ist eine Ableitung von „Caesar". Caesar ist zunächst der Name des Diktators, der durch die Adoption auf Augustus übergeht. Die römischen Kaiser nach Augustus verwendeten den Namen Caesar als Titel. Auch die russische Bezeichnung „Zar" kommt von „Caesar".

Nach Caesars Ermordung fliehen seine Mörder.

adoptiert. Deshalb spricht Augustus in seinem Bericht von dem Verstorbenen als „Vater". Nach dem Attentat auf Caesar trommelt der gerade 19-jährige Octavian die treuen Soldaten Caesars zusammen und übernimmt die Führung dieser Legionen. Die Mörder Caesars fliehen vorsichtshalber nach Griechenland, während der aufgeschreckte Senat versucht, Octavian auf seine Seite zu ziehen. Die Senatoren fürchten vor allem Marcus Antonius, einen alten Weggefährten Caesars, der unbedingt in die Fußstapfen des Diktators treten will.

Um die Lage zu klären, stattet der Senat Octavian mit einem offiziellen Kommando aus. Die Rechnung geht auf: Octavian besiegt mit Caesars Soldaten im April 43 v. Chr. den unliebsamen Antonius. Der Senat überhäuft den vermeintlichen Retter Octavian mit Ehrungen. Dieser ersetzt einen der im Kampf gefallenen Konsuln und wird mit 20 Jahren der jüngste römische Konsul aller Zeiten. Doch dann wendet sich plötzlich das Blatt. Nach dem Ende der Amtszeit glaubt der Senat, auf Octavians Hilfe verzichten zu können. Daraufhin verbündet

Wissen spezial

Familienpolitik durch adoptieren

Unter römischen Adligen war es üblich, den Kreis der Familie durch die offizielle Aufnahme von jungen Männern und Frauen zu erweitern. Dahinter steckte meistens der Wunsch, den politischen Einfluss der Familie zu vergrößern.

Der junge Octavian

sich Octavian für kurze Zeit mit seinem bisherigen Gegner Antonius. Um dem Senat zu zeigen, wie mächtig sie gemeinsam sind, ziehen Octavian und Antonius mit ihren Truppen nach Griechenland und besiegen 42 v. Chr. bei Philippi die Heere der Caesarmörder.

Doch schon in den folgenden Jahren bekämpfen sich Octavian und Antonius wieder erbittert. Schließlich teilen sie das Reich unter sich auf, Octavian erhält den Westen, Antonius den Osten. Trotzdem treten ihre Heere bei Aktium an der Westküste Griechenlands noch einmal gegeneinander an. Im Jahr 31 v. Chr. fällt die Entscheidung: Auch mit der Unterstützung von Königin Kleopatra aus Ägypten hat Antonius gegen die Flotte Octavians keine Chance. Gemeinsam mit Kleopatra begeht Antonius Selbstmord.

Der Senat verleiht Octavian einen Ehrenschild, auf dem die Tugenden der Mannighaftigkeit, Milde und Gerechtigkeit verzeichnet waren.

Octavian wird zum Augustus

Octavian ist 32 Jahre alt, als er alleiniger Machthaber des Römischen Reiches wird. Das Schicksal Caesars vor Augen, geht er einen anderen Weg als dieser, um sich auf Dauer als

Augustus ließ im Römischen Reich viel bauen, manches blieb bis heute erhalten, z. B. die Reste dieses Theaters.

Herrscher zu behaupten. Noch immer gibt es viele Senatoren, deren Ideal die alte Republik mit der Machtverteilung auf zwei Konsuln ist. Deshalb kommt eine Diktatur mit uneingeschränkter Herrschaft wie bei Caesar nicht infrage. Heraus kommt ein neues politisches System, das sogenannte Prinzipat mit dem Princeps als Anführer, der sich als Erster unter Gleichen versteht. Nützlich ist Octavian dabei die allgemeine Sehnsucht nach Frieden und einem Ende der Bürgerkriege. Nach und nach lässt Octavian sich vom

Ein römisches Schlafzimmer könnte so prunkvoll ausgesehen haben.

Städtisches Leben auf dem Forum Romanum in Rom

Thema **Augustus und August**

Im Jahr 8 v. Chr. wurde sogar ein ganzer Monat nach Augustus benannt. Ausgewählt wurde der „Sextilis“, also der sechste Monat im Jahr. Das römische Jahr begann ursprünglich im März, so war der spätere August der sechste Monat und nicht wie heute der achte. Erst in der Mitte des 2. Jahrhunderts v. Chr. wurde der Januar als Jahresanfang bestimmt. 44 v. Chr. war der „Quinctilis“, das heißt der fünfte Monat, für Julius Caesar in „Julius“ (Juli) umbenannt worden. März heißt nach dem Kriegsgott Mars, Juni nach der Göttin Juno.

Senat Befugnisse übertragen, ohne die bestehenden Gesetze zu brechen. Er bekommt das Kommando über die Legionen oder das Recht, Gesetze einzubringen. Ansonsten bleiben die Aufgabenbereiche des Senats erhalten, und Jahr für Jahr werden Konsuln gewählt. Der Unterschied zur alten Republik besteht darin, dass es mit dem Princeps nun einen dauerhaft starken Mann gibt. Im Gegensatz zu Caesar regiert Augustus aber mit dem Senat, nicht gegen ihn.

Seit 27 v. Chr. heißt Octavian Augustus. Es sind die Senatoren, die ihm diesen Beinamen verleihen, der so viel bedeutet wie „der Erhabene". Sie bringen damit seine besondere Stellung und ihren Respekt zum Ausdruck. Bis zu seinem Tod 14 n. Chr. regiert Augustus, der seine Karriere als Revolutionär begonnen hat, mit Besonnenheit und Augenmaß. Die innere Ordnung ist wiederhergestellt, die Bürgerkriege geraten in Vergessenheit. Sorgfältig listet Augustus in seinem Taten-

Eine der besterhaltenen römischen Aquäduktbrücken zwischen Nîmes und Avignon (Frankreich)

Löwenkopf mit Ring als „Türklopfer" im römischen Stil.

Dieser Fries, aus der Zeit des Kaisers Augustus, zeigt den Alltag eines Bäckers.

Solche Masken gehörten zur Kriegsausrüstung.

bericht seine Verdienste auf, unterschlägt allerdings die Rückschläge, die auch er hinnehmen muss. Empfindlich trifft ihn das Scheitern seines Planes, Germanien bis zur Elbe zu unterwerfen. 9 n. Chr. unterliegen seine Legionen in der **Schlacht im Teutoburger Wald** gegen die von dem Cherusker Arminius angeführten germanischen Stämme. Augustus trauert, lässt sich Haare und Bart wachsen, gibt dem Feldherrn Varus die Schuld und verzichtet auf weitere Kriegszüge gegen Germanien. Das Römische Reich reicht zu dieser Zeit von Spanien bis nach Syrien, von Nordafrika bis an die Atlantikküste.

Augustus regelt seine Nachfolge

Dennoch überlässt Augustus nichts dem Zufall. Rechtzeitig trifft er Vorkehrungen für seine Nachfolge. Als er 14 n. Chr. stirbt, ist sein Stiefsohn Tiberius schon als Erbe vorgesehen. Bis 68 n. Chr. bleibt die Herrschaft in der Familie. 37 n. Chr. folgt auf Tiberius der junge Caligula, der allerdings von Augustus nichts gelernt hat, es sich mit allen verdirbt und 41 n. Chr. ermordet wird. Seine Nachfolge tritt der behäbige Claudius an, dann kommt 54 n. Chr. der erst 17-jährige Nero an die Macht. Seine 14-jährige Herrschaft wird zu einer Schreckenszeit, während der auch erstmals **Christen verfolgt** werden. 68 n. Chr. zwingt ihn der Senat zum Selbstmord. Damit endet die Dynastie des Augustus.

Das Kaisertum, das Augustus begründet hat, ist aber fest verankert. Das liegt auch daran, dass die römische Herrschaft in den Provinzen dank der Legionen und einer perfekten Organisation und Verwaltung fast problemfrei funktioniert. Unter

Wissen spezial

Schlacht im Teutoburger Wald

Bei Detmold erinnert das Hermannsdenkmal an die siegreiche Schlacht der Germanen. Im 19. Jahrhundert, als das Denkmal entstand, machte man aus Arminius „Hermann“. Der tatsächliche Ort der Schlacht lag weiter nördlich bei Kalkriese nahe Osnabrück.

Als im Jahr 64 mehrere Bezirke Roms niederbrannten, lenkte Nero den Verdacht auf die Christen.

Kaiser Trajan (98–117 n. Chr.) kommen sogar noch weitere Eroberungen im heutigen Rumänien und im Orient hinzu. Zeitweise gehören sogar der heutige Irak und der Westen Irans zum Römischen Reich. Erst gegen Ende des 2. Jahrhunderts n. Chr. ändert sich diese Situation, als die germanischen Stämmc die Grenzen des Römischen Reiches häufiger bedrohen und auch die politische, wirtschaftliche und kulturelle Glanzzeit innerhalb des Reiches sich ihrem Ende nähert.

Die Reliefs auf der Ehrensäule für Trajan erzählen von den Siegen des römischen Kaisers.

Wissen spezial

Christenverfolgungen

64 n. Chr. ereignete sich in Rom eine schlimme Brandkatastrophe. Die meisten Leute glaubten, dass Kaiser Nero selbst das Feuer gelegt habe, um Platz für seine Bauvorhaben zu schaffen. Daher lenkte Nero den Verdacht auf die Christen von Rom und ließ viele von ihnen verfolgen und töten.

Das griechisch-christliche **Konstantinopel**

Neue Hauptstadt – neue Orientierung

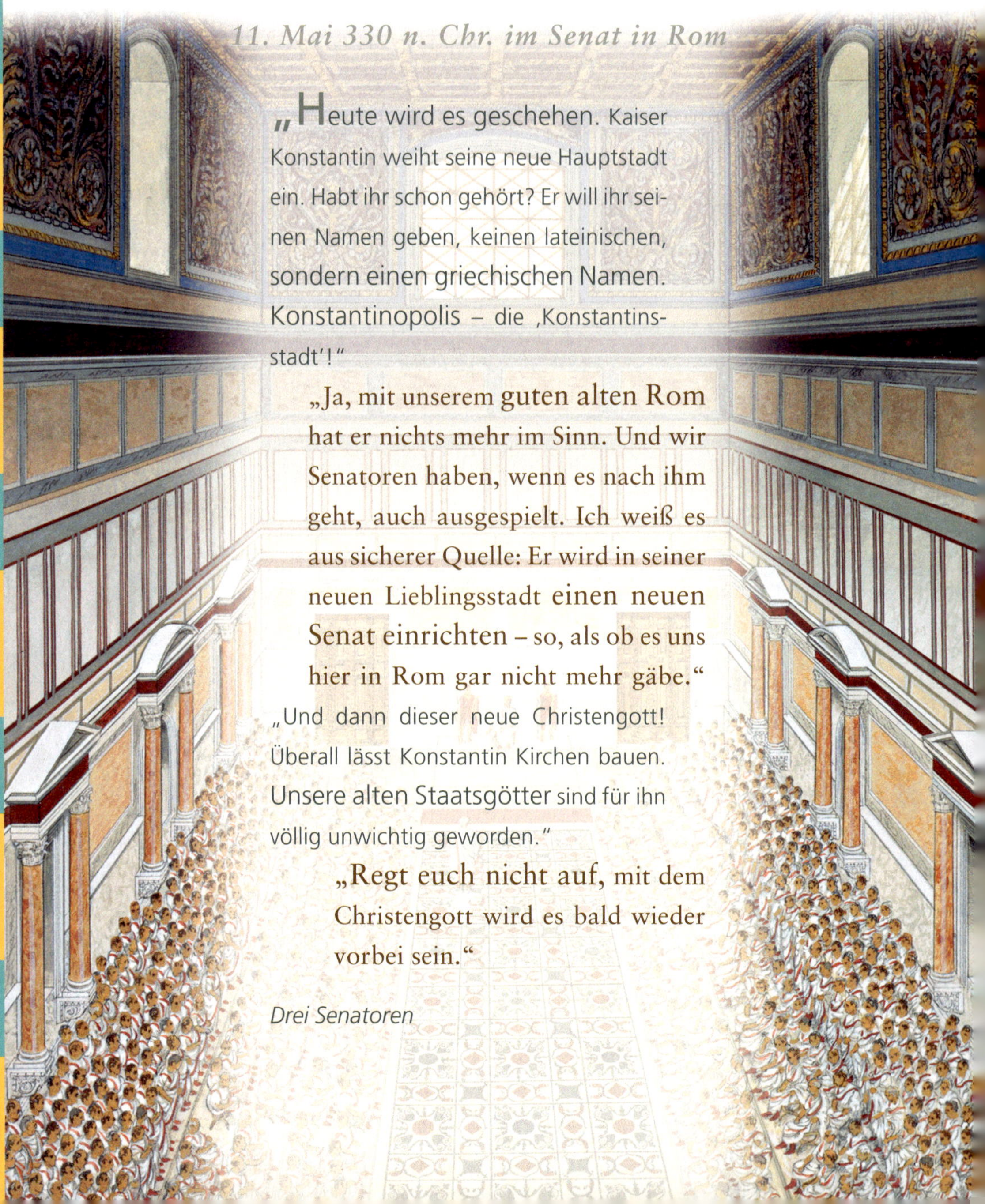

11. Mai 330 n. Chr. im Senat in Rom

„Heute wird es geschehen. Kaiser Konstantin weiht seine neue Hauptstadt ein. Habt ihr schon gehört? Er will ihr seinen Namen geben, keinen lateinischen, sondern einen griechischen Namen. Konstantinopolis – die ‚Konstantinsstadt'!"

„Ja, mit unserem guten alten Rom hat er nichts mehr im Sinn. Und wir Senatoren haben, wenn es nach ihm geht, auch ausgespielt. Ich weiß es aus sicherer Quelle: Er wird in seiner neuen Lieblingsstadt einen neuen Senat einrichten – so, als ob es uns hier in Rom gar nicht mehr gäbe."

„Und dann dieser neue Christengott! Überall lässt Konstantin Kirchen bauen. Unsere alten Staatsgötter sind für ihn völlig unwichtig geworden."

„Regt euch nicht auf, mit dem Christengott wird es bald wieder vorbei sein."

Drei Senatoren

Auf die schlechte Stimmung unter den Senatoren in Rom nimmt Kaiser Konstantin an diesem Tag keine Rücksicht. Nach langen Vorbereitungen kann er endlich mit einer feierlichen Zeremonie seine neue Residenz einweihen. Es hat längere Zeit gedauert, bis ein passender Ort für die neue Hauptstadt gefunden wurde. Dann aber entschied Konstantin sich für die alte griechische Stadt Byzanz. Sie beherrscht den **Bosporus**, die Meerenge zwischen Europa und Asien. Gleichzeitig bestehen beste Handelsverbindungen zu den Regionen um das Schwarze Meer. Sechs Jahre ist in Byzanz eifrig gebaut worden, um der Stadt den Glanz einer kaiserlichen Metropole zu verleihen. Besonders eindrucksvoll sind der große Kaiserpalast und gleich nebenan das Hippodrom geworden; das ist die Pferderennbahn, auf der waghalsige Wagenlenker vor 30.000 Zuschauern um Sieg und Ruhm wetteifern können. Um aller Welt deutlich zu machen, dass dies seine Stadt ist, gibt Konstantin ihr den Namen Konstantinopolis.

Wissen spezial

Der Bosporus

Der 32 km lange Bosporus ist die Meerenge zwischen dem Marmarameer und dem Schwarzen Meer. Als Route für Handelsschiffe war er in der Antike von großer Bedeutung. Wörtlich übersetzt heißt Bosporus „Ochsenfurt".

Im fernen Rom löst diese Entwicklung bei vielen Senatoren erhebliche Bedenken aus. Etwa 500 Jahre lang ist Rom der Mittelpunkt der Welt gewesen. Und jetzt ist der Kaiser mit seinem ganzen Hofstaat und einem neuen Senat in die Stadt am Bosporus gezogen. Andererseits wis-

Die vier Bronzepferde standen wohl einst in Rom, bis Konstantin sie nach Konstantinopel brachte. Heute sind sie in Venedig zu besichtigen.

Münzbildnis von Konstantin

sen die römischen Senatoren genau, dass sich die Zeiten grundlegend gewandelt haben.

Vier römische Teilreiche unter Diokletian

Es ist noch nicht allzu lange her, dass das Römische Reich die größte Krise in seiner Geschichte überstanden hat. Anfang des 3. Jahrhunderts n. Chr. kommt es an den Grenzen immer wieder zu Auseinandersetzungen mit fremden Völkern. Besonders gefährdet sind die Rhein- und die Donaugrenze. Germanische Stämme wie die Franken, die Alemannen und die Goten strömen ins Reich hinein, nicht, um Rom zu zerstören, sondern auf der Suche nach neuen und ertragreichen Siedlungsplätzen. Schwierigkeiten bereiten zudem im Orient die Perser unter der Herrschaft der **Sassaniden**, deren Ziel es ist, die römischen Besitzungen im Osten unter ihre Kontrolle zu bringen. Außerdem wird das Römische Reich im 3. Jahrhundert n. Chr. von schweren wirtschaftlichen Problemen geplagt. Die vielen Kriege gegen die einfallenden Germanenstämme kosten eine Menge Geld, das aber nicht mehr zur Verfügung

Wissen spezial

Das Reich der Sassaniden
Unter der Dynastie der Sassaniden, die 224 n. Chr. an die Regierung kamen, war Persien über Jahrhunderte hinweg der große Rivale der Römer im Orient. Die Sassaniden regierten bis 651 n. Chr., als Persien von den Arabern erobert wurde.

So hat der Limes, der Grenzwall der Römer, etwa ausgesehen.

Triumphbogen des Diokletian in Sufetula (Tunesien)

steht, weil die Römer in den zurückliegenden guten Zeiten über ihre Verhältnisse gelebt haben.

Die Stadt Rom verliert währenddessen immer mehr an Bedeutung. Die Kaiser eilen in diesem turbulenten 3. Jahrhundert n. Chr. von Kriegsschauplatz zu Kriegsschauplatz, sind häufig jahrelang nicht in Italien, weil sie an den Grenzen gegen die Germanen kämpfen. Es ist schließlich Kaiser Diokletian (284–305 n. Chr.), der scheinbar die rettende Idee hat. Ein einziger Kaiser, so seine Erkenntnis, sei nicht mehr in der Lage, die vielfältigen Aufgaben zu meistern, die sich durch die ständigen Einfälle der fremden Völker ergeben. Also teilt er das Reich in vier große Herrschaftsbezirke auf und übernimmt selbst das Kommando im Osten. Dazu ernennt er drei weitere Kaiser und überlässt diesen die anderen Teile des Reiches. Sie residieren allesamt nicht mehr in Rom,

Für ihr Land mussten die römischen Kleinbauern an die Großgrundbesitzer Pacht bezahlen.

Wissen spezial

Trier – eine römische Residenz in Deutschland

Augusta Treverorum war schon eine große römische Stadt, bevor sie Wohnort des Kaisers wurde. Noch heute sind ein Stadttor, die Porta Nigra, der kaiserliche Palast, und Ausgrabungen der Thermen und des Amphitheaters zu sehen. Mit 80.000 Einwohnern im Jahr 300 galt Trier damals als Weltstadt.

sondern wählen sich neue Städte als ständige Regierungssitze aus. Im Westen wird in dieser Zeit die Stadt **Trier** an der Mosel zur kaiserlichen Residenzstadt. Weil vier Kaiser, sofern sie sich einig sind, mehr ausrichten können als einer, gelingt es tatsächlich, die äußere Krise in den Griff zu bekommen und die Grenzen zu verteidigen. So ist es zur Zeit Konstantins nichts Ungewöhnliches mehr, dass sich die wichtigen politischen Ereignisse fern von der alten Hauptstadt Rom abspielen.

Konstantin, ein Kaiser der Christen

Konstantin, 272 n. Chr. in einer kleinen Stadt auf dem Balkan geboren, ist der Sohn eines Mitkaisers von Diokletian. Als dieser 306 n. Chr. stirbt, wird Konstantin von den Soldaten des Vaters zum Kaiser ausgerufen. In den nächsten Jahrzehnten führt Konstantin gegen sämtliche, teilweise noch von Diokletian eingesetzte Rivalen Kriege, um seiner Familie die alleinige Herrschaft über das ganze Römische Reich zu sichern.

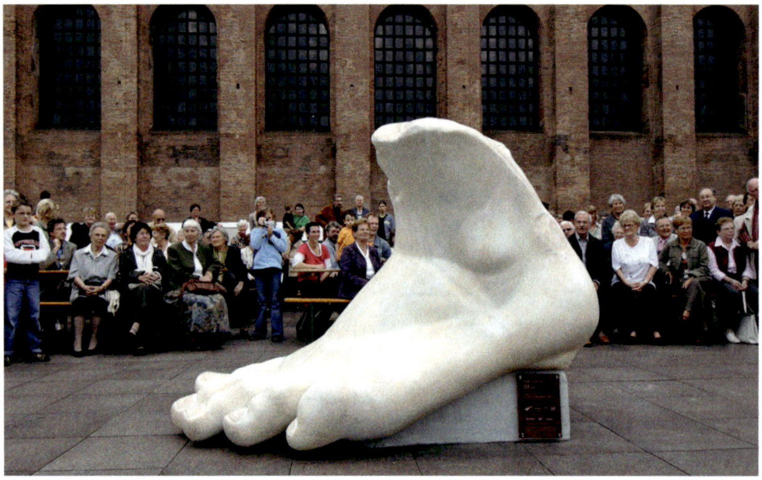

Kolossale Fuß-Skulptur von Kaiser Konstantin vor der Konstantin-Basilika in Trier

Die Schlacht an der Milvischen Brücke

Am 28. Oktober 312 n. Chr. kämpft Konstantin an der Milvischen Brücke bei Rom gegen seinen römischen Konkurrenten Maxentius. Da passiert etwas Merkwürdiges: Kurz vor der Schlacht erscheint am Himmel ein seltsames Zeichen. Es sieht aus wie ein Kreuz, und daneben steht der Schriftzug: „In diesem Zeichen sollst du siegen." Das ist das Zeichen der Christen, die von den Vorgängern Konstantins häufig verfolgt worden sind, weil sie nicht an die offiziellen Staatsgötter glauben wollten und daher als Außenseiter galten. Konstantin aber zieht im Vertrauen auf das göttliche Zeichen in die Schlacht, besiegt seinen Gegner Maxentius und erklärt Jesus Christus daraufhin zu seinem persönlichen Schutzgott. Er ordnet das Ende der Christenverfolgungen an und lässt überall im Reich christliche Kirchen bauen. Nicht alle freuen sich darüber, dass der Kaiser die christliche Religion so tatkräftig unterstützt und bevorzugt. Vor allem die Angehörigen der Oberschichten halten lieber an den griechisch-römischen Göttern fest. Und manche fragen sich, ob Konstan-

Dieses Mosaik zeigt Kaiser Konstantin, der Maria Konstantinopel und eine Kirche, die Hagia Sophia überreicht.

Die Hagia Sophia war zunächst eine Kirche, später eine Moschee, heute ist sie ein Museum.

tins Hinwendung zum Christengott wirklich echt ist oder ob er sich nicht nur auf dem Weg zur Alleinherrschaft einen starken Verbündeten gesucht hat. Tatsächlich gelingt es ihm bis 324 n. Chr., alle Konkurrenten innerhalb des Römischen Reiches auszuschalten.

Mit der Gründung der neuen Kaiserresidenz in Konstantinopel unterstreicht Konstantin seinen Macht- und Herrschaftsanspruch. Hier muss er sich nicht, wie in Rom, um die Senatoren kümmern, die immer etwas an ihm auszusetzen haben. Außerdem ziehen ihn auch die Reichtümer an, die sich hier, wo Okzident und Orient aufeinandertreffen, anhäufen lassen. Am 22. Mai 337 n. Chr. stirbt Konstantin, den die Christen „den Großen“ nennen, in seiner Stadt Konstantinopel. Beigesetzt wird er in einer Kirche, die den **zwölf Aposteln** geweiht ist.

Für seine Nachfolge hat Konstantin klare Anweisungen getroffen. Die Herrschaft bleibt in der Familie

Wissen spezial

Die zwölf Apostel
Die Apostel (deutsch: die „Gesandten“) waren die wichtigsten Verbreiter des christlichen Glaubens. Sie stammten teilweise noch aus dem direkten Umfeld von Jesus Christus.

und geht an seine drei Söhne über. Diese vertragen sich aber nicht besonders gut. Das Reich steht wieder vor einer inneren Zerreißprobe. Erst Kaiser Theodosius gelingt es gegen Ende des 4. Jahrhunderts n. Chr., die Ordnung wiederherzustellen. Er ist auch derjenige, der das Christentum zur allein gültigen Staatsreligion erklärt. Das heißt, dass nun die römisch-griechischen Götter und andere Kulte verboten sind und die Gläubigen verfolgt werden. Als Theodosius 395 n. Chr. stirbt, vermacht er die Herrschaft seinen beiden Söhnen Arcadius und Honorius. Arcadius erhält den Osten und residiert in Konstantinopel, Honorius bekommt den Westen und regiert erst von Mailand, dann von Aquileia aus, einer Stadt in Nordostitalien. Noch ahnt niemand, dass mit dieser Maßnahme die Teilung des Reiches in eine Osthälfte und eine Westhälfte besiegelt ist.

Die Grabeskirche in Jerusalem, errichtet von Konstantin I., zählt zu den heiligsten Stätten der Christen.

Thema **Konstantinopel als Hauptstadt von Ostrom**

Mit der 395 n. Chr. besiegelten Teilung des Römischen Reiches wurde Konstantinopel Hauptstadt des Oströmischen Reiches. Zeitweilig lebten über 500.000 Einwohner in der Stadt. Es entstanden bedeutende Bauwerke wie die Hagia Sophia, die Kirche der „Heiligen Weisheit“. Ein raffiniertes System aus Landmauern und Seemauern schützte Konstantinopel jahrhundertelang vor Angriffen von außen. 1453 gelang es aber den Türken, die Stadt zu erobern, die seitdem unter dem Namen Istanbul Sitz des türkischen Sultans war.

Kampf um Rom

Der Untergang des Weströmischen Reiches

476 n. Chr. in Ravenna

„Mein Herr und König Odoaker teilt Folgendes mit, damit ihr alle, die ihr hier vor dem Palast versammelt seid, wisst, was geschehen ist und was in Zukunft geschehen wird. Odoaker, König der Germanen, hat den römischen Kaiser Romulus abgesetzt.

Ihr habt jetzt alle Odoaker zu gehorchen. Er ist euer neuer Herr und der Herr aller Menschen, die nicht dem Kaiser in Konstantinopel unterstehen. Damit ihr aber seht, dass Odoaker nicht nur zu kämpfen versteht, sondern auch Milde gegenüber den Besiegten walten lässt, hört dies: Er schenkt eurem Romulus wegen seines zarten Alters das Leben, wird ihn mit viel Geld ausstatten und ihm eine Villa in Neapel zuweisen, in der er ein angenehmes Leben fern der Politik führen wird. Das ist es, was Odoaker euch mitzuteilen hat. Geht nun nach Hause."

Ein Herold des Königs Odoaker

Die Bewohner von Ravenna in Oberitalien folgen der Anordnung des Herolds, der vom König gesandt wurde. Sie verlassen mit betretenen Mienen den großen Platz vor dem kaiserlichen Palast und wissen nicht so recht, was sie von dem Vorgang halten sollen. Ist es wirklich möglich, dass dieser Odoaker, ein germanischer Stammesfürst, den seine Soldaten zum König ausgerufen haben, den Kaiser des römischen Weltreiches einfach absetzt? – Ohne es zu ahnen, sind die Leute, die dem Herold zugehört haben, Zeugen eines Ereignisses von weltgeschichtlicher Bedeutung geworden. Sie haben das Ende des Römischen Reiches miterlebt, jedenfalls des Weströmischen Reiches. In Konstantinopel herrscht, als Folge der Reichsteilung 395 n. Chr., nach wie vor der Kaiser des Ostreiches. Seither haben sich der Westen und der Osten immer mehr auseinanderentwickelt, sodass zwei selbstständige Reiche entstanden sind.

Das Stadtwappen von Ravenna

Der soeben abgesetzte Kaiser heißt Romulus. Es ist Zufall, dass er denselben Namen trägt wie der König, von

Typischer frühchristlicher Bau in Ravenna: San Vitale Basilica, erbaut im 6. Jh. n. Chr.

dem die Sage behauptet, er habe einst, vor mehr als 1200 Jahren, die Stadt Rom gegründet. Dieser Romulus residiert auch nicht mehr in Rom, sondern in Ravenna. Die Hafenstadt an der Adria ist seit Beginn des 5. Jahrhunderts n. Chr. der bevorzugte Regierungssitz, nicht zuletzt, weil hier die Mittelmeerflotte vor Anker liegt und weil man sich in Oberitalien näher an den einfallenden Völkern und aufständischen Stämmen befindet als in Rom. Die Italiener haben Romulus einen Spitznamen verpasst, sie nennen ihn „Augustulus", den „kleinen Augustus", denn er ist erst 15 Jahre alt. Ein paar Monate vorher hat ihn sein Vater auf den Thron gehoben, um einen römischen Rivalen namens Nepos auszuschalten. Im 5. Jahrhundert n. Chr. kommt es häufiger vor, dass sehr junge Leute zu Kaisern ausgerufen werden, um ihren Familien Ansprüche auf die Herrschaft zu sichern. Aber schon längst sind es nicht mehr die Römer selbst, die das Sagen haben, sondern die germanischen Völker.

Der Junge Romulus Augustus soll zum Kaiser gekrönt werden (Filmszene).

Wissen spezial

Die Vandalen in Afrika

Die Vandalen legten von allen germanischen Stämmen die längsten Wege zurück. Von Nordeuropa gelangten sie bis Nordafrika, wo sie 429 n. Chr. im heutigen Tunesien ein Königreich gründeten. Von dort kommend, plünderten sie 455 n. Chr. die Stadt Rom.

Inzwischen haben sich viele Stämme dauerhaft auf dem Boden des wankenden Römischen Reiches angesiedelt, wie die **Vandalen** in Nordafrika oder die Westgoten in Spanien. Kaiser und Verwaltung sind

Eine westgotische Adlerfibel, mit der das Gewand zusammengehalten werden konnte.

machtlos. Sie wissen nicht, was sie dem Ansturm entgegensetzen sollen. Wehmütig denken die Römer an Herrscher wie Diokletian und Konstantin zurück, die viel mächtiger waren und größeres Durchsetzungsvermögen hatten. Von der Erholung, die das Römische Reich unter diesen Kaisern erlebte, ist nicht mehr viel zu spüren. Im Gegenteil: Eine Untergangsstimmung macht sich breit.

Kampf um Rom

Ein absoluter Tiefpunkt ist aus der Sicht der Römer der Zug der **Westgoten** unter ihrem König Alarich gewesen. Diese dringen ungehindert nach Italien ein, erreichen 410 n. Chr. die Stadt Rom, die sie mühelos erobern und dann ausgiebig plündern. Das ist der Bevölkerung von Rom lange nicht mehr passiert. Nicht gerade beruhigend ist es, was man sich von der Reaktion des Westkaisers Honorius erzählt. Er hält sich zu dieser Zeit in Ravenna auf. Honorius ist ein leidenschaftlicher Hühnerzüchter und besitzt ein Lieblingshuhn namens Roma. Nach dem Sturm der Westgoten teilt man

Wissen spezial

Westgoten und Ostgoten

Die Goten waren einer der größten Stammesverbände der Germanen. Aus ihrer Heimat in Skandinavien zogen sie in mehreren Schüben bis an die Grenzen des Römischen Reiches. 270 n. Chr. teilte sich das Volk in die Westgoten und die Ostgoten.

Alarich nimmt dem von ihm selbst eingesetzten Gegenkaiser die Krone ab und übergibt sie Honorius.

ihm mit: „Mit Roma ist es nun vorbei!“ Sogleich fällt er in tiefe Verzweiflung, weil er glaubt, sein Huhn sei tot. Als man ihn über den wahren Sachverhalt aufklärt, atmet er erleichtert auf. Alle, die davon hören, ahnen, dass mit solchen Kaisern nicht viel Staat zu machen ist.

Wer ist stärker: Römer oder Germanen?

Vielleicht hat Roma so ausgesehen?

Ein Mittel, mit dem die Römer versuchen, der Dauerkrise Herr zu werden und den Niedergang aufzuhalten, ist die Übertragung von politischen und militärischen Spitzenpositionen an Germanen. Zeitweilig sind es **Germanen in römischen Diensten**, die an der Stelle der Kaiser die Politik bestimmen. Auch greift man zu dem Rettungsanker, den einfallenden Völkerschaften von sich aus Land in den Grenzregionen anzubieten, in der Hoffnung, sie damit von weiteren Eroberungszügen in das Reichsgebiet abhalten zu können. Von Ostrom bekommt Westrom dagegen keine Hilfe. Vielmehr sehen es die Kaiser in Konstantinopel gar nicht einmal so ungern, dass der Westteil des Reiches in solche Schwierigkeiten gerät. Vielleicht, so spekuliert man am Bosporus, lassen sich daraus ja sogar Vorteile ziehen. Jedenfalls scheut Ostrom nicht davor zurück, Stämme wie die Ostgoten, die an der unteren Donau, im Herrschaftsgebiet von Ostrom, auftauchen, Richtung Westen zu dirigieren.

Was nach der Absetzung des Romulus Augustulus geschieht, zeigt, dass diese Rechnung aufgeht. Odoaker schickt erst den jungen Exkaiser ins Exil nach Neapel und gleich darauf einige Boten nach Konstantinopel, die den oströmischen Kaiser Zenon überreden sollen, Odoakers Herrschaft über den Westen anzuerkennen. Die Nachricht, mit der die Gesandten zurückkehren, hört sich vielversprechend an. Der Kaiser erteilt zunächst seine Zustimmung. Doch in Wirk-

Wissen spezial

Germanen in römischen Diensten

Von den Germanen, die in der Spätantike für Rom tätig waren, brachte es der Vandale Stilicho am weitesten. Bis zu seinem Tod 408 n. Chr. war er oberster Heerführer im Reich. Stellvertretend für den jungen Kaiser Honorius führte er auch die Staatsgeschäfte.

Theoderich der Große, König der Ostgoten, empfängt sein Volk.

Ravenna im 21. Jh.

lichkeit hegt Zenon ein tiefes Misstrauen gegenüber dem „Barbaren“ und beschließt, Odoaker zu beseitigen. Er sucht für dieses Unternehmen einen Helfer und stößt auf Theoderich, den König der Ostgoten. Mit Zustimmung des Kaisers haben sich die Ostgoten in der Gegend des Schwarzen Meeres angesiedelt. Sie begnügen sich aber nicht mit dem, was ihnen zugewiesen ist, und fordern mehr Land. Zenon wittert die Chance, zwei Fliegen mit einer Klappe schlagen zu können. Er beauftragt **Theoderich** mit dem Sturz Odoakers und verspricht ihm dafür die Herrschaft über Italien. Zugleich wird er auf diese Weise ganz elegant den lästigen ostgotischen Unruhestifter los.

Thema | **Letzter Rettungsversuch: Justinian und die Renovatio Imperii**

Nach dem Tod des Theoderich (526 n. Chr) unternahm der oströmische Kaiser Justinian (482–565 n. Chr.) den Versuch, das Römische Reich in seinen alten Grenzen wiederherzustellen. Um das Programm der „Renovatio Imperii“ (Erneuerung des Reiches) zu verwirklichen, schickte er seine Feldherrn Belisar und Narses mit dem Auftrag in den Westen, die germanischen Staaten zu unterwerfen. Tatsächlich eroberten ihre Heere Italien, Nordafrika und Teile Spaniens zurück. Doch bald nach dem Tod Justinians gingen diese Erwerbungen wieder verloren.

489 n. Chr. setzen sich die Ostgoten in Richtung Westen in Bewegung. Entgegen den Erwartungen gelingt es nicht, Ravenna zu stürmen. Die Belagerung zieht sich über mehrere Jahre hin, aber die Eingeschlossenen um Odoaker denken nicht daran, zu kapitulieren. So bietet Theoderich 493 n. Chr. seinem Kontrahenten einen Waffenstillstand an, den dieser sofort annimmt. Doch Odoaker hätte seinem Widersacher besser nicht trauen sollen. Als er den Ostgotenkönig in die Stadt führt, greift dieser zum Schwert und tötet ihn auf der Stelle.

Wissen spezial

Theoderich in der Sage

In die deutsche Sagenwelt ist Theoderich als „Dietrich von Bern" eingegangen. Mit der Schweiz hat das allerdings nichts zu tun. Vielmehr ist Bern ein anderer Name für die Stadt Verona in Oberitalien, die zum Herrschaftsgebiet des Theoderich gehörte.

Theoderich wird Herr über Goten und Römer

So sind es nun die Ostgoten unter Theoderich, die in Ravenna das Erbe des untergegangenen Weströmischen Reiches verwalten. Aber sie kontrollieren nur einen geringen Teil des ehemaligen Reiches. Die meisten Gebiete stehen unter der Herrschaft anderer germanischer Könige. Diese achten allerdings eifersüchtig auf ihre Unabhängigkeit. Daher widersetzen sie sich den Bestrebungen Theoderichs, die germanischen Stämme und Reiche enger zusammenzuführen. So bildet sich in Westeuropa allmählich jene Staatenwelt heraus, die den Übergang von der Antike zum Mittelalter markiert. Im Oströmischen Reich geht die Antike dagegen weiter. Hier regieren die Kaiser noch fast 1000 Jahre, bevor auch Ostrom nach der Eroberung von Konstantinopel durch die Türken (1453 n. Chr.) endgültig von der politischen Bildfläche verschwindet.

Mehmet II. und sein Heer belagern Konstantinopel.

Die Antike auf einen Blick

In einem Zeitraum von 2500 Jahren entstehen mächtige Reiche, werden große Erfindungen gemacht, treten bedeutende Menschen auf die Weltbühne. Die Zeitleiste zeigt 20 sensationelle Ereignisse aus der Antike, deren Einfluss bis heute reicht.

Auf Kreta entsteht die erste europäische Hochkultur.

2000 v. Chr.

Unter Hammurapi werden erstmals Gesetze in Stein gehauen und im ganzen Land aufgestellt.

1730 v. Chr.

Durch kluge Strategien vergrößern Kyros und Dareios das Persische Reich.

550 v. Chr.

Die Athener bitten in Sparta vergeblich um Hilfe gegen die kriegerischen Perser.

490 v. Chr.

Mit dem Geld der Bündnispartner lässt Perikles Athen zu einer prachtvollen Metropole ausbauen.

443 v. Chr.

Nach dem Tod seines Vaters Pilipp II. übernimmt Alexander der Große die Macht.

336 v. Chr.

Hannibal überlistet seine Gegner, indem er mit seinem Heer und 37 Kriegselefanten über die Alpen zieht.

218 v. Chr.

Nach dem Sturz der griechischen Könige beherrschen die Römer das Mittelmeer.

168 v. Chr.

Unter Spartacus kämpfen die Sklaven um ihre Freiheit.

73 v. Chr.

Ramses II. lässt seine Heldentaten auf Papyrus verewigen.

13. Jh. v. Chr.

Die Entführung Helenas löst, so die Sage, den Trojanischen Krieg aus.

1184 v. Chr.

Aus dem Hirtenjungen David wird der König der Juden.

1004 v. Chr.

Die ersten Olympischen Spiele begeistern die Menschen in Griechenland.

776 v. Chr.

Der Sage nach gründen die Brüder Romulus und Remus die Stadt Rom.

753 v. Chr.

Auf der Suche nach fruchtbarem Boden siedeln sich viele Griechen an anderen Küsten des Mittelmeers an.

735 v. Chr.

König Krösus führt das Münzgeld ein.

555 v. Chr.

Caesar überquert den Fluss Rubikon und fordert damit seinen langjährigen Rivalen Pompejus heraus.

49 v. Chr.

Augustus wird zum alleinigen Herrscher des Römischen Reiches und sorgt lange Zeit für inneren Frieden.

13 n. Chr.

Kaiser Konstantin macht Byzanz zur Hauptstadt und nennt sie Konstantinopel.

330 n. Chr.

Der römische Kaiser Romulus wird abgesetzt und der Untergang des Weströmischen Reiches beginnt.

476 n. Chr.

Register

Im Register sind Personennamen und Sachbegriffe verzeichnet. Fett gedruckte Seitenzahlen bedeuten: Zu diesen Einträgen gibt es Lexikonboxen (Wissen spezial oder Thema).

Bildquellennachweis

aisa, Archivo iconográfico, Barcelona 4, 17, 18, 20, 22, 25, 33, 35, 64, 80, 92, 102, 137, 138, 153, 168, 169
akg-images, Berlin 22, 22, 25, 30, 41, 42, 53, 54, 59, 68, 94, 95, 111, 131, 131, 142, 147, 153
Technische Universität Bergakademie Freiberg, Sachsen/M. Knopfe 131
Bibliographisches Institut & F. A. Brockhaus, Mannheim 12, 19, 44, 52, 61, 78, 87, 91, 91, 107, 110, 113, 126, 129, 130, 137, 139, 140, 161, 164, 166
Farb- und Schwarzweiß-Fotografie E. Böhm, Mainz 47
A. Burkatovski, Rheinböllen 84, 142, 144, 158, 169
© CORBIS/Royalty-Free 4, 6, 27, 30, 97, 99, 100, 132
© DeA Picture Library 51, 148
Dr. Stephan Elbern, Bad Frankenhausen 23
C. Elsler, Historisches Farbarchiv, Norderney 36
Europäische Zentralbank, Frankfurt am Main 12
Prof. Dr. H. Gaube, Stuttgart 5, 81, 83, 85
Dr. Georg Gerster, Zumikon, Schweiz 106
Hirmer Verlag, München 78
Karl Gotthilf Kachler, Bern 147
H. Kahnt, Naunhof 118
Kessler-Medien, Saarbrücken 13, 117
Prof. Dr. H. Klengel, Berlin 17
Lotos-Film, Kaufbeuren 121, 134, 145, 149
mgo/in-effigie.de 158, 159
Prof. Dr. H. J. Nissen, Berlin 17
L. Pedicini, Archivio dell'arte, Neapel 113, 147
Photo Digital, München 150, 156
picture-alliance/akg- images, Frankfurt am Main 5, 5, 5, 6, 7, 9, 9, 10, 10, 12, 14, 15, 16, 18, 19, 21, 24, 25, 27, 28, 29, 32, 33, 34, 36, 39, 39, 40, 41, 43, 44, 45, 46, 49, 51, 52, 54, 54, 55, 55, 56, 57, 57, 58, 60, 61, 62, 63, 65, 65, 66, 67, 70, 71, 73, 77, 78, 79, 81, 83, 84, 85, 86, 89, 89, 90, 93, 93, 95, 96, 97, 97, 98, 99, 101, 103, 104, 105, 105, 105, 106, 109, 111, 113, 115, 116, 118, 119, 120, 123, 124, 125, 126, 128, 129, 133, 134, 136, 137, 140, 145, 145, 146, 148, 148, 150, 151, 151, 152, 154, 157, 157, 159, 161, 162, 163, 163, 164, 165, 167, 168, 169
picture-alliance/Berliner Kurier, Frankfurt am Main 76
picture-alliance/Bildagentur Huber, Frankfurt am Main 66, 68, 70, 88, 122, 161, 166, 168
picture-alliance/dpa, Frankfurt am Main 3, 4, 6, 7, 14, 30, 31, 33, 37, 38, 43, 46, 47, 49, 52, 53, 57, 59, 63, 65, 69, 73, 74, 74, 75, 82, 86, 90, 94, 100, 101, 103, 110, 113, 114, 114, 116, 117, 119, 121, 123, 124, 124, 129, 133, 138, 139, 141, 149, 153, 154, 156
picture-alliance/epd, Frankfurt am Main 28
picture-alliance/KANN 130
picture-alliance/91020/UA/WHA, Frankfurt am Main 4, 8, 11, 168
picture-alliance/kpa photo archive, Frankfurt am Main 6, 7, 7, 26, 34, 48, 50, 77, 108, 132, 140, 143, 160, 162, 169
picture-alliance/Helga Lade Fotoagentur, Frankfurt am Main 149
picture-alliance/MaxPPP, Frankfurt am Main 42, 72, 75, 112, 135, 168, 169
picture-alliance/Bildarchiv Okapia, Frankfurt am Main 25
picture-alliance/Photoshot, Frankfurt am Main 108
picture-alliance/Picture Press/Everett Collection, Frankfurt am Main 127
Rheinisches Landesmuseum, Trier 155
Prof. Dr. U. Sinn, Würzburg 49
Staatliche Münzsammlung, München 109
Uni-Dia-Verlag A. und M. Burges, Großhesselohe 29
Bibliographisches Institut & F. A. Brockhaus, Mannheim/Prof. Dr. H. Wilhelmy (†) 155

Umschlagabbildungen picture-alliance/kpa photo archive, Frankfurt am Main: Trojanisches Pferd – picture-alliance/MaxPPP, Frankfurt am Main: David tötet Goliath – akg-images, Berlin: Ischtartor – © CORBIS/Royalty-Free: Pyramiden von Giseh – picture-alliance/akg-images, Frankfurt am Main: König David, Ramses, Skylla, Stierkopf-Rhyton – aisa, Archivo iconográfico, Barcelona: Odysseus – picture-alliance/dpa, Frankfurt am Main: Reitender Soldat

Bibliografische Information der Deutschen Nationalbibliothek.
Die Deutsche Nationalbibliothek verzeichnet diese Publikation in der Deutschen Nationalbibliografie; detaillierte bibliografische Daten sind im Internet über http://dnb.ddb.de abrufbar.

Lektorat : Sabine vom Bruch
Bildredaktion: Angelika Sust
Fachberatung: Gottfried Brezger, Dr. Wanda Löwe
Text: Prof. Dr. Holger Sonnabend
Herstellerische Leitung: Myriam Frericks, Cornelia Huber
Layout und Satz: Petra Bachmann, Weinheim
Gesamtherstellung: Firmengruppe APPL, aprinta druck, Wemding
Printed in Germany
ISBN 978-3-407-75341-0